如何在“30秒”内解决工作中的关键问题

仕事の問題は30秒で解決できる

[日] 石田键一　著

中国青年出版社
CHINA YOUTH PRESS
中青文传媒

图书在版编目（CIP）数据

如何在“30秒”内解决工作中的关键问题 /（日）石田键一著；胡长炜译.
—北京：中国青年出版社，2021.8
ISBN 978-7-5153-6432-2
Ⅰ.①如… Ⅱ.①石… ②胡… Ⅲ.①工作－效率－通俗读物 Ⅳ.①C935-49
中国版本图书馆 CIP 数据核字（2021）第110652号

如何在“30秒”内解决工作中的关键问题

作　　者：〔日〕石田键一
译　　者：胡长炜
策划编辑：肖颖慧
责任编辑：肖　佳
美术编辑：杜雨萃
出　　版：中国青年出版社
发　　行：北京中青文文化传媒有限公司
电　　话：010-65511270 / 65516873
公司网址：www.cyb.com.cn
购书网址：zqwts.tmall.com
印　　刷：河北华商印刷有限公司
版　　次：2021年8月第1版
印　　次：2021年8月第1次印刷
开　　本：880 × 1230　　1 / 32
字　　数：70千字
印　　张：4.75
京权图字：01-2021-1175
书　　号：ISBN 978-7-5153-6432-2
定　　价：49.90元

目 录 contents

第四章 | 沟通

第五章 | 销售

如果你满足下列任何一条，本书就是最适合你的读物。

□ 明明每天都在加班但工作就是做不完。

□ 忙得经常把个人事项往后推。

□ 做事情习惯磨磨蹭蹭地一直拖延。

□ 不擅长言辞，无法简洁而有魅力地传达想说的话。

□ 着手开始工作时常常陷入迷茫，不知从何入手。

□ 难以下决断，总是错过机会和时机。

□ 虽然花了许多时间，却不擅长将创意和企划形成报告。

这些烦恼都会在今天结束。

哪怕只是本书中所写的一件小事，

也请大家下决心花 30 秒“去做！”

并真正付诸实践。

多米诺骨牌的所有一切，都是从推倒“最初的一块”开始的。

接下来，改变你人生的大门即将打开。

前言

只需30秒，你的工作就会发生“革命”

能够完成“超一流”工作的商务精英与普通人相比，到底优秀在哪里呢?

两者之间的确存在头衔和知识量等方面的差距，但这种差距并不足以如此显著地决定人生。

然而，行业顶尖人才和一般人之间确实有着“某种不同”，那就是“行动力”。

我在大学毕业后进入了一家大型消费品制造商工作，负责卖场、电视和杂志上的广告企划和宣传促销，获得了多个广告大奖。

而如今我已从公司独立，作为私人培训师和品牌顾问，面向企业经营者、管理层和商务人士提供帮助个人成长的培训课程，并协助客户灵活利用已有优势和魅力来进行品牌构建工作。

在多年来的工作中，我已经接触了超过5000人，包括始终活跃在商业第一线、在竞争中一步步脱颖而出的“超一流”经营者、顶级创作者和商务精英。而仔细观察就会发现，他们在工作中都有一条“共同的法则”。

那就是，在短时间内改变思考方式和视角，并立刻付诸行动。

在各种新信息都在疾速闪过我们眼帘的现代社会，能够迅速推进工作的能力就足以提升我们的个人价值。

任何工作都存在一个目标，能够不走弯路高效推进工作的人在时间上也会更加宽裕。即是说，他们会提炼工作内容，让时间花费得更有效率。而这最终会反映到工作评价上，高效率的人想必也会有更多机会获得比以往更高级别的工作。

提升工作速度还能减少加班，甚至能节省出时间让我们挑战过去一直没尝试过的事情，让人生变得更加丰富多姿。

人一生看似很长，但实际上却像白驹过隙。

应该说，我们宝贵的人生必须花在对自己来说最为重要的事情上才行。

如果你有无法完成或顺利推进工作的烦恼，那是因为你还欠缺一些立刻付诸行动的技巧。正因为不知道这些技巧，工作上才会那么吃亏。

凡事都往后拖延的人，做事不雷厉风行的人，他们越是这样在工作上混日子，这种思考和行动习惯就越会印刻在他们头脑和身体里，到头来只会徒增一把年纪而毫无长进。

理所当然的事情“做”还是“不做”，会带来翻天覆地的差别

本书将那些超一流商务精英的实践和我本人的经验进行了系统

化处理，总结出了一整套方法。

话虽如此，可我自己能做到吗……想必也有人会抱有这种不安。不过不用担心，这些方法连我都能做到，而且超一流商务精英们所注重的，也是进入公司后第一年就能学到并耳濡目染的那些基本法则。

所以这本书所讲的，或许就是大部分人都听说过的那些“理所当然”的事情。然而，即便知道这些“常识”，实际上能做到的人却出乎意料地少，哪怕我说9成的人都无法做到恐怕也不为过。

“做”还是“不做”这些“理所当然”的事情，其中的不同经过1年、5年、10年、20年后就会带来天翻地覆的差别。

你是要做“雷厉风行”的人，还是要做“事倍功半”的人呢？

这个选择，将令你的工作和人生走上完全不同的道路。

即便看似微不足道，但只要自己下定决心的事情能够做到，就要坚持下去为自己带来信心。细微的变化很快会带来显著的改变，你原本拥有的潜力也会随之激发出来。

30秒内蕴含着无尽的可能性

听到“30秒”，你可能会产生疑问：“这么短的时间能带来什么变化呢？”实际上，30秒看似很短，却足以包含所有一切的可能性。

打个比方，我曾经负责的电视广告基本上就是在30秒（或者15秒）内播放完毕的。

在30秒的时间内，广告不光要展示商品的名字、特点、消费者痛点解决方案、促销信息，还需要触动观众的情感，提升他们对商品的好感度。此外，配音员也要在30秒内简单易懂而又正确无误地向观众传达200字左右的信息量。

若要让人生发生巨大的变化，深思熟虑的确必不可少。不过对于"表达方式""做演示""创意""沟通""销售""动力"等工作上出现的问题，30秒的时间就足以解决。

本书将要介绍的内容中，应该有不少是我们从一开始就能在30秒内做到的，当然也有一些内容并非如此。不过，至少做出"我要做"的决断应该是远远用不到30秒的时间。

希望你在看完本书后，不要以"我知道了"而结束，而是从"能做到的"开始，一步步付诸行动。

即便是推动世界前进的伟大工程，也肯定会有"最初的一步"。而工作上最重要的，就是迈出这"最初一步"的速度。

通过对本书介绍的理论进行实践，以往的工作方法就会发生革命性的变化。书中内容包括6章，从头读起自然是没问题的，不过我也花了心思让每部分内容都能独立成章，所以对照目录从认为有用或感兴趣的部分读起也完全可行。此外，为了让读者能在"30

秒”内理解内容，书中还加入了大量简单易懂的图示。

若本书能帮助你迈出真正想要实现的人生道路上的“最初一步”，那就是我作为作者最大的荣幸。

在本章中，我将向大家介绍迄今为止见过的那些顶尖商务精英们兼具的三大要素。这些思考方式也是本书第一章及之后所有理论的基础。

序章

在 30 秒内解决工作问题的原则

原则① 描绘目标

为了在“30秒”内解决工作上的问题，首先“设定目标”是十分重要的。

通过设定目标，我们就能明确当下应该着眼于哪个课题，每个阶段应该做什么，为各个事项列出优先顺序。有了目标后，也更不容易被他人的意见或价值观所左右，真正把握住自己人生的“主导权”。

或许有人会觉得这些话是老生常谈，那么迄今为止大家一直都有认真地设定目标吗？

举几个没有设定目标的例子，比如“出门去附近买东西的途中突然心血来潮爬上了富士山顶”“完全没做传球和射门练习却想当职业足球选手”这类荒唐的情况，在最后到达目标之前，他们很可能只会盲目地度过每一天。

设定目标有两个要点。其一是扪心自问“自己想在什么时候成为怎样的人”，去探寻应该追求的目标。同时，在设定目标时让自己能够为了实现它而感到欢欣雀跃也很重要，因为人只有在高涨的情绪下才能长久坚持做一件事。

比如说，如果想着“希望从事产品开发的工作”，就不能只把目标设定在新产品的开发和销售上，而需要充分调动自己的感官，

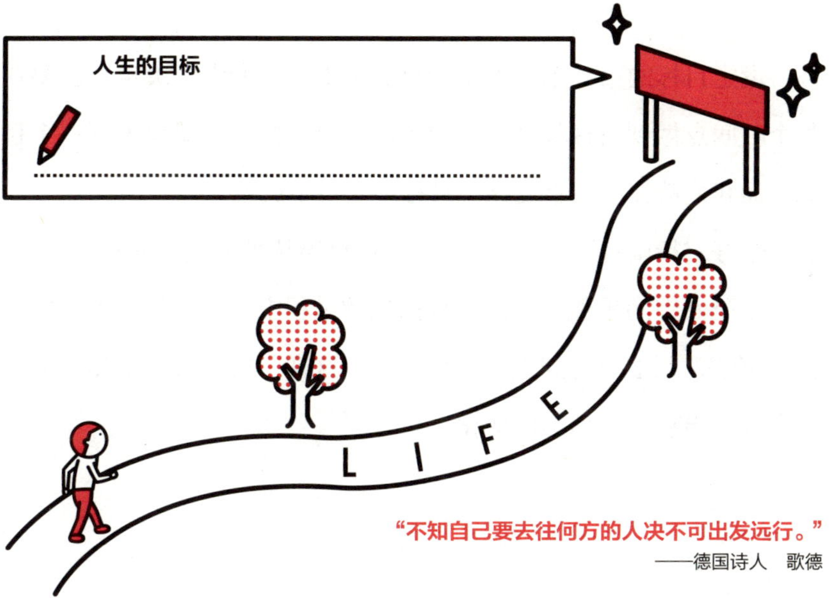

“不知自己要去往何方的人决不可出发远行。”
——德国诗人 歌德

贴近实际地去想象自己希望通过开发商品来令谁感到喜悦，希望别人以什么心情来使用产品，完成目标后自己会抱有怎样的心情等等。

虽然仍有争议，但大家都说人类只用到了5%左右的潜意识。为了刺激剩下那部分潜意识，“明确想象出理想状态”就是其中的关键。只要是大脑能够想象出来的事物，基本上我们就能将其化为现实。

这就是许多一流经营者和顶级创作者都在实践的，也是培训课程中经常会使用的手法，这种手法对目标的实现能起到很大的帮助。

设定目标的第二个要点是为目标定下一个期限，决定自己要在某个时间点做到何种程度。达成了第一个目标后，就设置下一个目标，而我们就在不断重复这个过程中获得了成长。

带好“指南针”和“地图”，一边描绘从脚下到目的地的路线，一边享受其中的乐趣。在向目标前进的过程中随时确认眼下能做到哪些事情，到下个时间点又要做什么。这样坚持下去，工作和人生便会开始出现令人动容的变化。

原则② 制度化

第二个原则是将重复劳动等工作彻底进行“制度化”。

这里所说的“制度化”，指的即是在“能力”“经验”之外，能够顺畅而彻底地处理那些待定课题的“规则”。

根据脑科学的研究，据说一个人每天需要在大脑中重复约3万次的选择工作。为今天该穿哪件衬衫去公司而烦恼，为中饭和晚饭和谁去吃什么而迷茫，我们在每天的生活中都需要从为数众多的选项中做出决定。

我常听人说，不断为这些细枝末节的事情做决定，连大脑也会感觉到疲劳。为了高效率地利用有限的时间，为所有的工作分配同等的精力是不可取的，这只会导致身心俱疲。

能够靠“制度”将精力集中到关键工作中的人清楚自己该在什么时候缓缓松一口气，避免无益的劳动，通过高效率提升工作质量以获得更优秀的成果。

苹果公司的创始人史蒂夫·乔布斯常常穿着黑色毛衣和牛仔裤，脸书的创始人马克·扎克伯格也以不分场合都穿着同一件T恤而出名。

我们每天都需要快速而严格地做出各种判断，在这种环境下，通过不去烦恼穿什么，我们就能尽量减少做出琐碎决定的机会。

无论是单独工作，还是团队合作，在那些可有可无的事项上花的时间其实完全被浪费掉了。实际上无论是个人还是组织，在制度化方面都存在许多改进的余地，例如在项目组内部推行一致的企划书和资料格式，对业务流程进行即便让新人负责也不会出问题的标准化制定等。

除了埋头工作之外，通过对包括“表达方式”在内的交流沟通进行制度化，也能够极大地提高生产效率。时刻拥有“制度化”的意识，就能让我们把时间和精力集中到自己真正想做的事情上。

通过“制度化”来提升个人和团队整体的生产效率

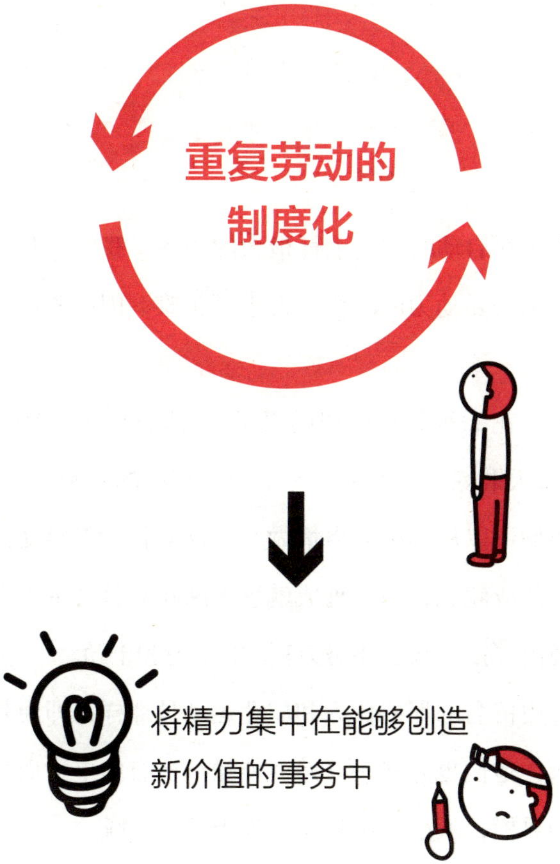

原则③ 细分目标并彻底执行

第三个原则就是"总之先从能做的事情做起"，这也叫作"最小化阶梯法"。

看准了原则①设定的目标后，就要尽可能地将这个目标分解得更小、更简单。而最初的第一步，要设定成能够轻松完成、眼下最切实的目标。

正如汽车在启动时需要消耗最大的功率，我们在开始着手一项工作时也是最需要动力的时候。万事开头难，因此我们才需要对目标进行彻底的细分，令自己能够从"做的到的事"开始行动。

比如说"花30秒收拾公司的桌子""清晨早起5分钟""每天读一页书""每天锻炼10次腹肌"等等就是很好的开始。

最初我们可以从细微的事情做起，这样就可以感受到脚踏实地完成目标后的成就感，而这种成就感不断积累就会带来自信，让我们心中涌现出"接下来也要努力！"的动力和干劲。

就像青史留名的那些伟人和职业运动员那样，即便是实现了伟大成就的人，他们也并非一开始就能做到所有的事，而是看准了自己的梦想和目标，从小处做起才一步步攀上高峰。

我们现在就要从能做的事开始，迈出最初的一小步。在"试着去做"和"想着去做"之间，其实存在着惊人的巨大差别。

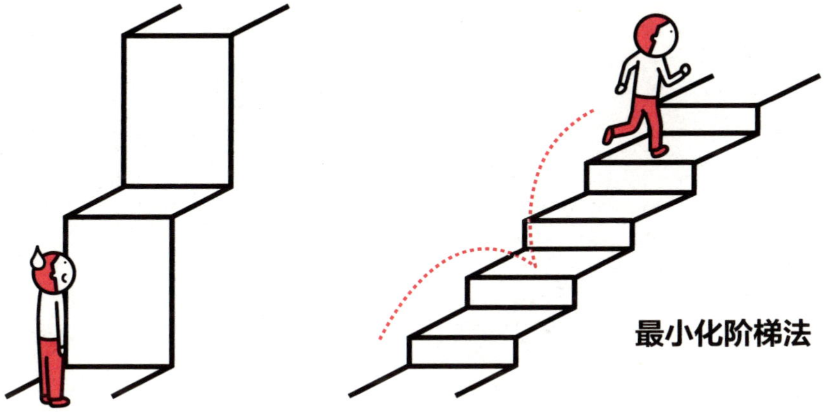

“好的开始是成功的一半。”

——古希腊哲学家　柏拉图

说服对方的最好方法之一就是令他欢喜。

——弗朗索瓦 · 德 · 卡里埃雷斯（外交官）

第一章

表达方式

01 30秒内简单易懂地向对方传达信息的基本形式是“主题+论据”

能够快速推进工作的交流沟通终极形态是“一次就把信息正确传达给对方”。为了实现这点，啰唆冗长而不得要领的说话方式是绝对不行的。若想简单易懂而又正确地传达事项，便要彻底提取事项中的要点将其简化，即是用“主题（最希望传达的信息）+论据（理由）”的形式来进行表达。

主题就是“我是这么想的”“我希望（对方）怎么办”等“最希望传达给对方”的信息，我们需要清晰地向对方阐明自己希望得到什么。然而，光是说出自己想说的事情，对方是不会理睬的。所谓“对话”，必须要将前因后果仔细地阐述给对方才能够成立。

给“主题”加上“论据”，对方才会愿意听你想说的事情，交流和沟通从此刻才算开始。比如说：

“这次的项目可以让我也加入吗？”

这就是“主题（最希望传达的信息）”。

“我前一份工作从事的就是产品开发，我觉得这次通过加入项目组，自己也能够灵活运用到之前的经验。”

而像这样加上“论据（理由）”，整件事就成为了需要对方做判断的待定事项。从商务场景到私人对话，任何交流都可以应用到这种表达形式。

02 30秒内令表达内容改头换面的“三步总结表”

大家有没有被领导或客户这样反馈过呢：

“搞不清楚你到底想说什么。”

“所以你想说的重点究竟是？”

“你这算汇报吗？还是说需要我做出什么判断？”

无法向对方传达自己所思所想是很痛苦的，但耐着性子听对方不得要领的长篇大论所带来的痛苦还要在其之上。

在总结自己的思路的时候，“写下来”是一个行之有效的方法，下面我就来介绍一下自己在培训和工作室中都会使用的“三步总结表”。

表达方式 三步总结表

沟通日期： 年 月 日

※事前核对 ※用“○”来标记

表达方式	当面	邮件	电话	信件	其他（ ）	
重要程度	1	2	3	4	5	（高）
紧急程度	1	2	3	4	5	（高）
情绪状况（对方）	1	2	3	4	5	（积极）

※确认对方接受信息的状态

※传达重要信息时，要极力避免对方的情绪指数低于或等于“3”

【1】主题	关于（ ） 需要 汇报 联络 商议 请对方做判断 其他（ ）

【2】结论 （最希望传达的信息）	

【3】具体的理由 ※ 最多三条 ※ 内容尽量简短	①
	②
	③

反思：
下次的主题：

使用这个“三步总结表”的方法很简单，只需在：

【1】主题

【2】结论（最希望传达的信息）

【3】具体的理由

三个表格中填入相应的内容即可。接着按照顺序说出来，就是一篇向对方传达信息的完整腹稿了。

首先，“主题”中填入的是这次交流将围绕哪个对象来进行，紧接着是明确目的，这次关于这个对象是希望向对方做“汇报”，还是寻求“商谈”？抑或是希望对方做出“判断”？很多时候连我们自己都搞不明白到底是想得到什么，所以请大家在此处明确这一点。

然后，“结论”一栏记载的是最希望传达的信息。将其控制在言简意赅的长度、在7~8秒内说完是最理想的。

在“具体的理由”一栏中，需要总结出两到三点关于结论的最关键的理由。此处也尽量要让内容更加简短而清晰。

【1】【2】【3】加起来大概30秒内就能完成说明，借助这种方式，即便在对方工作繁忙时也无须占用太多时间，顺利向对方传达自己的目的。

而关键是，在此之前一定要做一次事前核对，你可能会问这是要核对什么东西？答案是为了确认对方的情绪状态是否能够静下心来接受我们想要传达的信息。

比方说，如果领导现在正打算出门，或者手头上正有紧急事务在处理，那就最好不要在这个时间去打扰。

总之，在交流沟通中，“正确向对方传达自己想说的事”比其他任何方面都要重要，其次就是“尽量简短地进行传达”。

就让我们灵活使用“三步总结表”，熟练掌握表达的技巧，获取更大的工作成果吧。

03 能够整理思路并进行清晰说明的"三步总结表"

上一节中，本书介绍了"三步总结表"用作表达方式的一种使用方法，但除此之外的其他两种效果也很值得我们期待。

首先是能够简便地整理思路。比起在心中默默思考，像上一节那样在：

【1】主题

【2】结论（最希望传达的信息）

【3】具体的理由

中填入相应的内容，能够更加清晰地对这些信息进行整理。

这个方法的关键在于把【3】中具体的理由归纳在三条以内，将其总结成简洁利落的内容，并按照重要性从高到低排序。

边向对方展示边进行说明的表格

表达方式 三步总结表

沟通日期： 年 月 日

【1】主题	关于（ ） 需要 汇报 联络 商议 请对方做判断 其他（ ）
【2】结论 （最希望传达的信息）	
【3】具体的理由 ※最多三条 ※内容尽量简短	①
	②
	③
反思：	
下次的主题：	

根据情况可调整顺序

控制在三条以内

“三步总结表”的第二个效果是向对方展示，利用“视觉”来进行说明，从而令相互之间获得更深刻的理解。

这是因为人们在理解某件事物时，总是希望将目中所视、耳中所闻在大脑中转换为图像。比起光用口头说明，让对方边对照文字边听，信息的传达会更加深入，对方做出判断所需的时间也会大幅减少。

在边展示表格边进行说明时，基本顺序是先亮明结论，接着再阐述具体的理由。不过如果对方习惯在下结论前摆明理由，那就按照【1】主题→【3】具体的理由→【2】结论（最希望传达的信息）的顺序来说明吧。

根据实际需求，也可以先列出能够推导出结论的具体理由，从对方感兴趣的信息开始进行说明。

通过“三步总结表”的引入，不但使整理思路变得更加简便，还能在30秒内清晰流畅地向对方进行说明。

04 “一张A4纸”足以传达信息

“汇报、联络、商谈”常被比喻成“商业的血液”。正如这个比喻所说，这三项工作是团队和组织内开展工作所必不可少的内容，也是每个商务人士的必备技能。为此，有两点是十分重要的。

先是用“一张A4纸”对用于说明的资料进行归纳和总结。在A4纸上，对方一眼就能扫过全部内容，能够迅速把握到信息的整体框架。略去无用的内容、被提炼简化成一张纸的信息更容易让人抓住要点并作出判断，而将资料全部细读一遍也不用花太多时间。

“一张A4纸”不光能让人“读懂”，更能让人在一瞬间“看懂”。

如果无论如何都无法将资料浓缩到一张A4纸内，那就请把繁杂的信息作为附件提交，而只将最为关键的部分归纳到“一张A4纸”上。

进行“汇报、联络、商谈”的第二个要点是先向领导确认能够抽出3分钟的时间后，再按照本章第二节中的方法围绕重点进行说明。

展示完“一张A4纸”的内容后，剩下的时间就留给领导用于提出意见和做判断。留出3分钟的另一个好处是，我们可以通过不断询问来理解领导对这件事的看法。

借助"一张A4纸"来对要点进行提炼总结，在30秒内完成简洁的说明，养成这样的习惯，我们的工作效率便能得到大幅提升。

05 在30秒内抓住对方注意力的规则① “关键词”

在现代社会，我们每天经手的信息量可以说是10年前的数百倍到数千倍。为了让对方切实记住我们想要传达的信息，就必须要在一瞬间吸引住他的注意力才行。

做到这点的关键在于三个词，分别是“关键词”“铺垫词”和“接续词”。下面几节就按照顺序来进行说明。

首先是“关键词”。关键词也就是最为重要的信息，灵活使用能够给对方留下深刻印象的“关键词”尤为重要。

企划书、报告书、邮件、记事簿等文件中，如果没有“关键词”来勾起对方想要读下去的心情，那么只会被草草略过。

企划、销售类的工作自不用说，业务、人事、经理等工作也不例外。如今对于任何岗位上的人来说，灵活使用“关键词”都是必不可少的技能。

其实有一个方法能迅速提取并抓住一个关键词，那就是有意识地问自己三个问题：

“如果对方只能记住一个词，你会选择哪个？”

“内容中有需要重复使用多次的词吗？”

“若用一句话来取个标题，其中起主导的词语是哪个？”

只要做到这点，你的说明内容就会瞬间变得清晰易懂，整个文件的说服力也会得到增加。

除此之外，把平时的对话和电视、杂志中留意的词记下来，也能对抓住“关键词”起到一定作用。

提取“关键词”是工作中所必需的一项技能，但我们却没有机会学习如何去做。那么首先请从日常生活中做起吧，在听别人说话或阅读文章时，有意识地去思考前述的三个问题。

06 在30秒内抓住对方注意力的规则②“铺垫词”

你身边是不是也有虽然不知为何，但总觉得他“感觉不错”“印象不错”的人存在呢？请仔细去观察这样的人，不出意外的话，他平时应该很擅长在对话中加入“铺垫词”。

所谓“铺垫词”，即是在委托对方或拒绝对方时让整段话变得更为柔和委婉的语言，也可以说是照顾对方情绪的语言。

把“铺垫词”放到一句话的开头，还能起到促使对方做好“心理准备”、温和引导对话节奏的效果。

打个比方，在电话里向对方说明负责人不在时，比起“田中刚刚出去了”这类直截了当的说法，“很抱歉，田中刚刚出去了”就会更加礼貌。

只是多加了一句话，给对方留下的印象却会截然不同。

世上有很多人都不擅长拒绝他人，担心会不会因此而被对方讨厌。这种情况下“铺垫词”也能起到很好的效果。

在被问到“时间定在周六下午如何？”的时候，直接回答“已经有安排了”就显得很不客气。而通过加上“难得您邀请”“非常遗憾”“实在不巧”等包含着对邀请方的感谢之意在内的铺垫词，就能够在不给对方留下坏印象的同时加以拒绝了。

不要直截了当地拒绝，而要先抱着全盘接受对方说法和要求的态度。这样对方才会觉得自己的主张没有被排斥，感受到足够的尊重，从而放平自己的情绪。在那之后我们再进行拒绝就会好很多。

“铺垫词”能让人际关系和对话变得委婉圆滑，在缓和对方情绪上效果出众，请各位一定要在工作和日常的交流中积极使用它们。

“委托、请求”时的铺垫词

- 真是抱歉
- 实在不好意思
- 不介意的话
- 麻烦您了
- 恕我冒昧
- 百忙之中打扰您
- 打扰您了

“拒绝”时的铺垫词

- 难得您邀请
- 非常遗憾
- 实在不巧
- 抱歉没能回应您的期待
- 真是不敢当

“反驳”时的铺垫词

- 您说的我也知道
- 话虽如此
- 恕我直言

07 在30秒内抓住对方注意力的规则③ “接续词”

大家应该都知道“接续词”吧。

“接续词”即是明确话语中主旨的转变、将文章和段落有机地结合在一起的词语和句式。

若能熟练掌握“接续词”，则除了对话之外，在演示、邮件和商业文书中也能灵活使用它们。

代表性的接续词有以下三类：

①为表达的事物排序……第一、第二、第三；
关于下列三点……
首先、其次、最后；

②联系到结论……作为其结果、从而导致、作为结论；

③举出具体案例……作为一个代表性的例子、近年来、比方说。

在30秒的说明中使用接续词，能够让听众对话题的方向和后续展开有一个大致印象，使对方的精神更集中在交流的主要目的上。

除此之外，接续词还能起到承接上文、令表达内容的脉络更为清晰的作用。通过灵活使用“关键词”“铺垫词”和“接续词”，我们能让想要表达的内容更加简明易懂，从身边的人那里得到“印象不错”“成熟能干”的评价。

1 为表达的事物排序

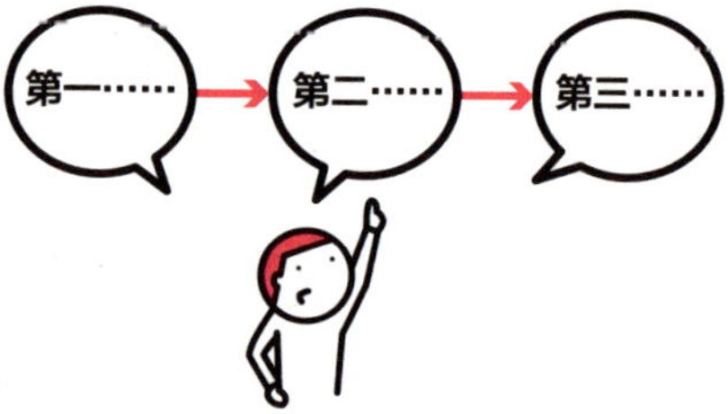

2 联系到结论

“作为其结果”“从而导致”“作为结论”

3 举出具体案例

“作为一个代表性的例子”“近年来”“比方说”

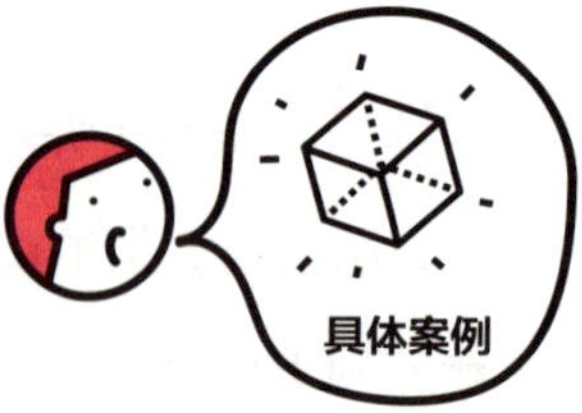

08 在30秒内让忙碌的领导说出“YES”的方法

工作优秀的人自然会有更多各类工作要做，也会更加忙碌，很多人便因此而打起退堂鼓，不敢去搭话打扰他们。

然而，不进行“汇报、联络、商谈”就无法开展工作，之后也有可能会引发更大的麻烦和问题。特别是某些紧急事项，有时必须只靠口头说明来让对方充分理解才行。

而任谁都能迅速做出回答的一个代表性问句就是：“……可以吗？”这种问句只需“YES”或者“OK”一个词就能回答。

然后就是给出选项，即对方只需从中进行选择的形式，例如：“在A、B、C三个方案中，哪个比较好呢？”人们面对这种问题也能很快做出回答。只不过，口头上的说明和确认还是存在一定风险，因为人类容易按照便于自己理解的方式去解释记忆，单纯靠口头交流有可能在之后带来认知理解的偏差和混淆。最理想的方式是在笔记上写下事项的要点，并对照着进行确认和传达。

从对方的立场上看，当内容信息量过大或包含不熟悉的词语时，有可能就无法同时理解所有的选项。搞不好几个选项都说明完毕后，对方还要回过头来问：“第一个方案是什么来着？”遇到无法以书面形式确认内容的情况时，请勇敢将“三个”要点归纳到“两个”。能写下来就总结出三个选项，只能口头说明就简略到两个，这样便能切实地向对方“传达”关键信息。

书面形式给出三个选项
口头形式简略到两个

09 抓住并把握分身乏术的领导宝贵时间的句式

你有没有遇到过领导总是有一大批项目要处理，不是在开会就是在商谈，常常没法保证汇报时间的情况呢？

能够抓住领导时间的一个大前提是，要比领导更加能把握住他的日程表。

很多公司都会公开组织和团队内的日程安排，如果能够连领导的日程安排都做到了如指掌，那么无论遇到什么突发状况，我们都能顺畅地开展“汇报、联络、商谈”，迅速采取应对措施。

比如说，如果部门领导接下来正在等着向董事们做展示，那么除了特别紧急的事项之外，都要重新再安排沟通时间。

在把握了领导日程表的基础上，在沟通一开始就向领导明确“重点是什么”“需要花几分钟时间”是很重要的。通过对所需时间的预估，就能给领导一种速战速决的安心感。

那么接下来本书就来介绍几种能够抓住并把握领导时间的句式。其中的要点是在表达时让领导意识到“这件事与自己有关”的同时，还要加上“尊敬的态度”。

例如，无论如何都希望部门领导出席某场会议时，就可以通过下述方式进行传达：

"请部长您务必发表一下高见，不知您能否拨冗出席呢？"

"您能出席是所有参会人员的荣幸。"

"关于会议希望首先和您商量一下。"

加入带有感谢意味和照顾对方心情的话语，不仅是交流时必须有的礼貌，还能在情感上让对方更加尊重自己，觉得"对这家伙的邀请还是给个面子吧""还是去帮个忙吧"。

在与人沟通时多一分心思，工作便能在双方都很愉快的氛围中推进下去。

"感谢"和"非您不可"是促使人行动的有效句式

|10| 在30秒内将坏消息变为好消息的表达技巧

在不得不向领导或客户汇报遭遇失利和出现问题的消息或对自己不利的负面内容时，大家都是怎么做的呢？

正常人的心理都是希望将负面信息尽量拖到以后再传达，但还有一种反戈一击、以同样的内容给对方留下好印象的表达法技巧，那就是“先抑后扬法”。

具体来说，就是通过把负面因素放在前面，并在之后接上正面因素，来让对方听到负面信息后产生的消极情绪转变为积极情绪。

在此基础上，我更推荐大家的是叠加两次正面消息的“先抑后扬再扬法”。

“虽然价格定得比较高，”

“但其中加入了手感很不错的○○○成分，”

“也是本店人气最高的商品。”

像这样给对方传达了负面消息后再连着来几个正面消息，相对地就能给对方留下更强烈的积极印象。

灵活使用这种表达技巧，便能更为积极地开展商谈、交涉和销售工作。即便在私人场合，这种表达技巧也能在夸奖别人或吸引他人注意力时发挥很好的效果。

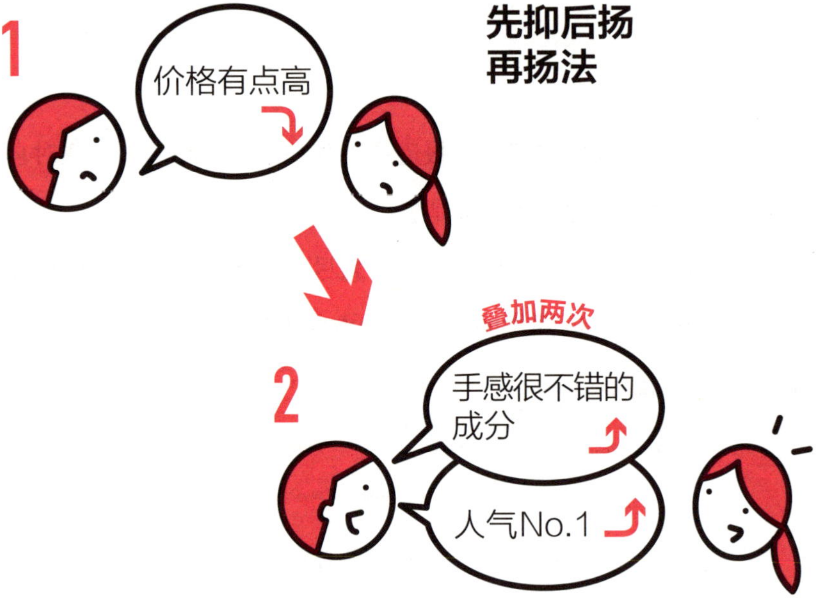

11 在30秒内打动对方的邮件写法

在现代商务中，“邮件”可以说是最主要的沟通工具之一。

为了提升工作效率，给对方留下一个好印象，正如本书之前说过好几次的，在考虑对方立场的前提下明确地传达“希望对方做什么”“希望对方采取怎样的行动”尤为重要。

在编辑邮件时，有三点希望大家能够把握住，分别是“标题”“前三行”和“附言”。

首先，“标题”要起得能够让人对邮件主题“一目了然”才行。光是“某月某日商量的事情”的标题，别人根本不知道商量了什么，对邮件内容也没有概念。

“【汇报】某月某日关于商品A发售三个月的销售情况”

“【汇报】本日（某月某日）关于销售会议碰头地点的变更”

而写成这样，就能让人仅凭标题便能了解其中的内容。

在标题上下足功夫，可以在一瞬间将事项要点传达给每天诸多的收件人，在有紧急事务时也能让对方优先进行确认。

其次，整封邮件的要点要在“前三行”简单扼要地表示出来。这一点的关键在于要把内容归纳得足够简洁，让人读完三行就能理解邮件所要传达的主旨。为了让忙碌的收件人将读到的内容放在心上，请避免将冗长的内容放在邮件开头。

最后就是灵活使用“附言”。通过附言自然地提到一些对方感兴趣或私人话题的内容，能够一下子拉近双方的距离。而在附言中提及自身“工作之外的一面”也能给予对方一种“亲近感”。

在“标题”“前三行”和“附言”中下功夫

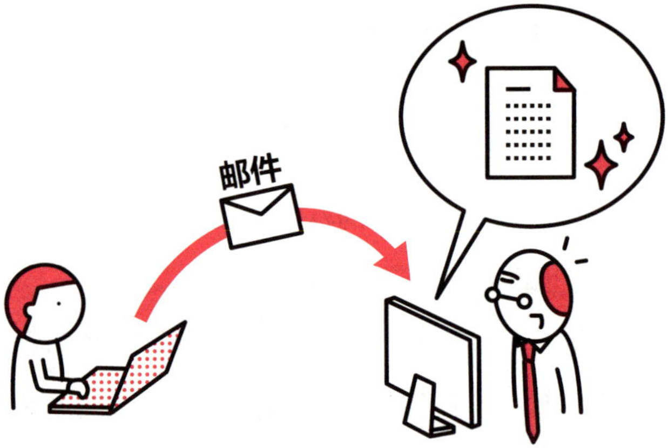

“标题”……对邮件主题“一目了然”

“前三行”……三行内理解邮件内容

“附言”……拉近对方与自己的距离

12 在30秒内干脆利落地写完邮件

在商业往来的邮件中，有一些词语和句式是我们经常会用到的，比如“一直以来承蒙您关照”“这次就拜托您了”“十分感谢您的帮助”等等。

而输入这些句式至少需要几秒钟时间，如果每天写邮件时都要多花工夫在这上面，那么积少成多，不知不觉中我们就会有很多时间被浪费掉。

如果能够缩短打字的时间，编辑邮件的效率就会得到大幅提升。

其中的关键就是自定义常用语。编辑邮件和回信速度极快的人为了缩短打字时间，往往会在输入法中设定常用的词汇和句式。这样一来只需键入事先设定的几个字母，输入法就能自动将完整的词句补全，极大地提高打字效率。

■自定义常用语的例子

“gz”……一直以来承蒙您关照

“bt”……这次就拜托您了

“xx”……十分感谢您的帮助

“zg”……这次多亏您照顾

“bj”……许久不见，近来可好

除了这些固定句式之外，事先定义人名、地名、公司名等工作中经常会用到的词语也是不错的选择。

通过自定义常用语，我们便能减少敲打键盘的次数，大幅提高编辑邮件和文件的速度。

除此之外，这种方式还能避免因匆忙而导致文章中满是错字、漏字的情况，并为我们节省出宝贵的时间用于在“标题”“前三行”和“附言”中下功夫，可谓是好处多多。

灵活使用自定义常用语
提升写邮件和回信的速度！

自定义常用语

↓

还能避免错字、漏字

不要期待别人会像你本人一样关心你自己。

——伯特兰 · 罗素（哲学家）

第二章

做演示

13 做演示的达人会活用“三秒沉默”

在演示、演讲或会议中发表讲话时很重要的一点就是“留白”。当然，某些情况下将内容一气呵成全部讲出来会更有效果，不过有意识地制造“沉默”也是一种让演示给人留下深刻印象的有效方法。

在商谈和普通的对话中，可能有很多人会觉得“沉默”让人感觉不适，所以到嘴边的话完全憋不住。不过在做演示的时候，有意识地制造“三秒沉默”却能够将这份不适转化为积极因素。

比如说，在确认听众是否理解之前的内容时，或在观察对方的表情是否在表示“到这里为止都没问题”时，三秒钟的沉默就很有效果。此外，在话题渐入主题时，也可以在想要强调的内容前插入一小段沉默，勾起对方产生“想快点听到之后的内容”“接下来到底会怎样”的期待和关切之情，令自己切实地把握住场上的节奏。接着我们可以在此基础上，再慢慢讲述自己希望强调的关键点。

平铺直述只会失去重点，我们应该在关键词的前后有意识地插入“留白”，即“三秒沉默”，这样才能让整场演示显得张弛有度，给听众留下深刻印象。

做演示的达人们都十分擅长这种“留白”。

做演示

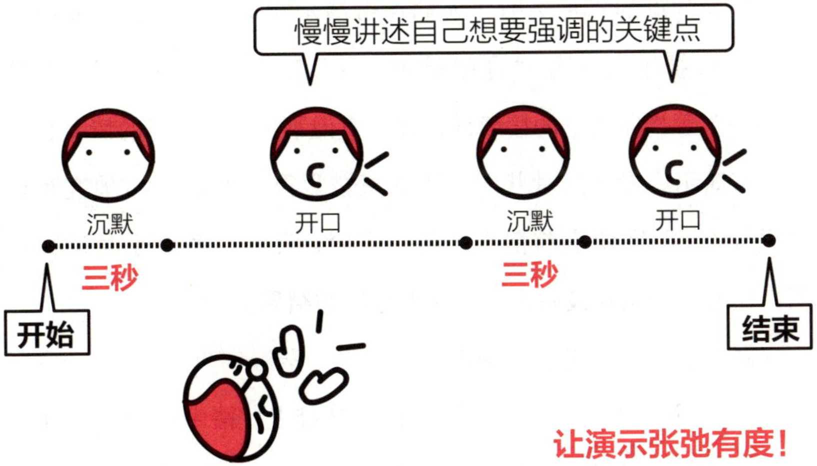

14 十三个字决定演示内容被选中还是被淘汰

作为常见的一种失败，人们在做演示时会出现一想到要说结论，就只会不断重复“也就是说……”“简而言之……”“即是说……”等指向结论的接续词，却一直说不出个所以然的情况。

若演示中发生这种状况，听众只会觉得一头雾水：“他究竟想要说什么？”即便事前精心准备了资料，花了一两个小时进行说明，这种演示做到最后也很难获得理想的结果。

做演示最为关键的，是准备能够确切把握到听众需求的提案，以及按照正常逻辑展开的叙事。在此基础上，清晰而简单易懂的“一句话总结”也不可欠缺。特别是对需要担责和做出判断的经营者和董事们来说，他们的想法是更为希望短时间内理解提案的主旨。

那么，我们要以怎样的形式去提炼做演示时的“一句话总结”呢？

那就是将总结精炼到任谁都能记住的十三个字以内。

据说人类一次性能够记住的内容只有十三个字的程度，比如说打开搜索引擎首页或看电影字幕时，一眼望去能够瞬间记住的只有一行的十三个字。

“该企划的优势是——”

“该产品最厉害的一点是——”

“引入该系统三个月后——”

像这样，破折号后面的“一句话总结”要控制在十三个字以内，最初还不习惯时请将目标定为二十个字以内。

在强调“一句话总结”的同时不断重复，这就是做演示的诀窍。

归纳提炼到十三个字的“一句话总结”，能够直接决定演示内容是被选中，还是与其他企划一起被埋没，其作用可谓是巨大的。

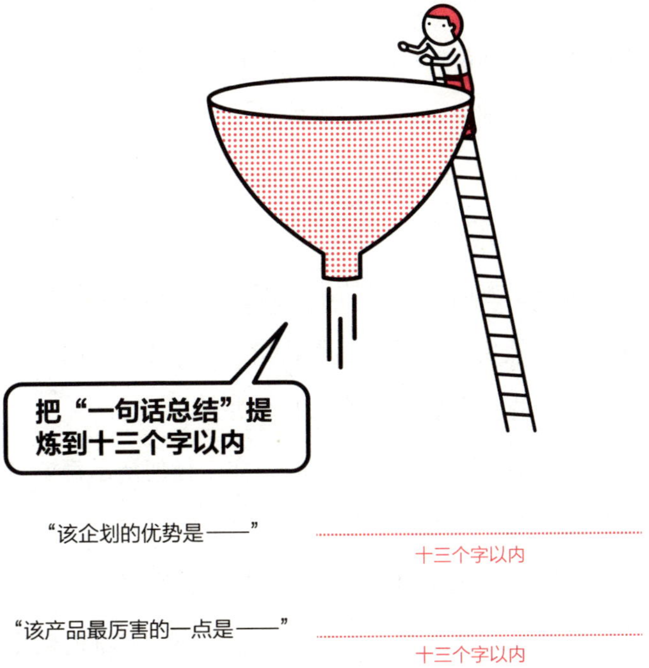

15 让人瞬间理解的演示原则是“每划一次一段话”

做演示时另一种常见的情况是在前半部分过于翔实而细致地进行说明，结果占用太多时间，导致后半段的说明匆匆忙忙，不得不飞快跳过剩余的幻灯片。原本的计划是加入沉默的时间以带来张力，最后却因准备不足而忘掉接下来要说什么。

很多情况下，演示的企划没被采用的原因就是“虽然内容不错，但说明得并不到位”“不知道演示的重点是什么”。

为了让企划顺利通过，演示文案的最大原则是“每划一次一段话（加一张图片）”。请记住，在一页幻灯片上，最多同时放上一段话和一张图片（图解）。

很多在做演示方面刚入门的新手都会产生这样的误解，那就是认为听众理所当然要来“听自己做讲解”。但每个人都是抽出自己的时间来看演示的，在表达方式上不下功夫可不行。

与第一章“表达方式”中所说的一样，任何演示都要尽可能做到“精炼和简洁”，对听众来说不必要的信息只会成为“噪声”。我们往往一不留神就会想在幻灯片里加入这样或那样的内容，但如此一来有效信息量反而会减少。若实在有必要添加详细的数据，就把它们列在附件里吧。

如果演示内容讲解起来会变得冗长，那么就要积极使用“照片”“插画”等图解。比起一长串文字，用一张照片或插画来表现的复杂信息能在一瞬间传达给对方，令演示内容更具说服力。照片和插画是全世界共通的形式，能被任何人所理解，也能够避免交流沟通过程中出现遗漏或误会。

在幻灯片中使用“每划一次一段话（加一张图片）”的技巧，并灵活加入前述的“三秒沉默”和“十三个字的一句话总结”，毫无疑问这场演示会在听众心中留下强烈的印象。

“每划一次一段话（加一张图片）”是基本原则

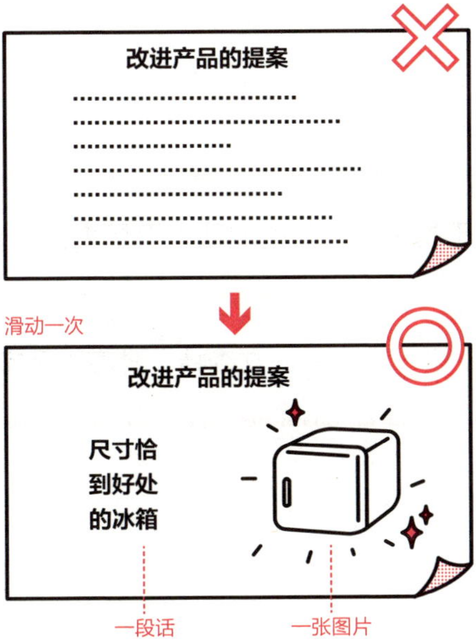

伟大事业不是来自一时的冲动，而是来自一点一滴的积累。

——文森特 · 梵高（画家）

第三章

创意

16 在30秒内提升团队热情的“灵魂提问”

在会议和团队讨论的过程中，你有没有遇到过这些问题：

“基本上没人发言”；

“很难听到大家的意见”；

“无法产生新的创意”。

一旦会场上陷入一片沉默没有任何人说话，即便主持人询问“大家有没有什么好主意呢？”，很多时候也不会得到任何回应，不是吗？

在进入会议和讨论的正题之前，首先必须要做一件事，那就是塑造一个“安全的环境”，也就是令任何人都能畅所欲言的氛围。

比如说可以在参会人员中选出一个能够缓和气氛的对象，向他询问“最近发生的事”或“目前在意的事”。比如：

“最近有什么有意思的事吗？”

“便利店有什么令人感兴趣的商品吗？”

具体话题没有限制，可以和工作有关，也可以是私人话题。

特别是在需要大家提出新颖创意的头脑风暴型会议中，会议主持人必须要缓和现场氛围，令所有人没有顾虑地提出自己的看法。

当会场的空气凝滞时，可以发出这样的提问：

“如果没有任何限制可以畅所欲言，你觉得会想做什么？”

这是电视广告和产品开发研讨会，以及培训课程中经常会用到的手法，即让大家去想象暂时抛开所有限制的情况。

“如果能够自由创作（广告和新产品），你会怎么办？”

“如果你能够随心所欲安排自己的人生，你会想做什么？”

或许有人会觉得：“等等，不可能会有这种情况发生。”确实是这样，工作周期、预算、人员配置……基本没有什么工作会不受这些因素的限制。

但是，只要借助这种提问不断提出新创意，我们往往能从那些原本以为会受到限制的思路中找到出路，发现能够实现的方案：“啊，这个主意说不定能行”“今天就能着手实现这个想法”。

先要去除一切人为限制，然后才能营造出任何人都能发挥奇思妙想的环境。如此一来，某种兴奋感便会在会场内传播，整个团队的热情也会迸发出来，让会议和讨论的效率得到提高。

“如果没有任何限制，你会想做什么？”这种“灵魂提问”用来引导企划和创意自是不在话下，除此之外还能抓住令我们人生更加充实的契机。

用好这种“灵魂提问”，你的团队肯定也能不断涌现出新颖的创意。

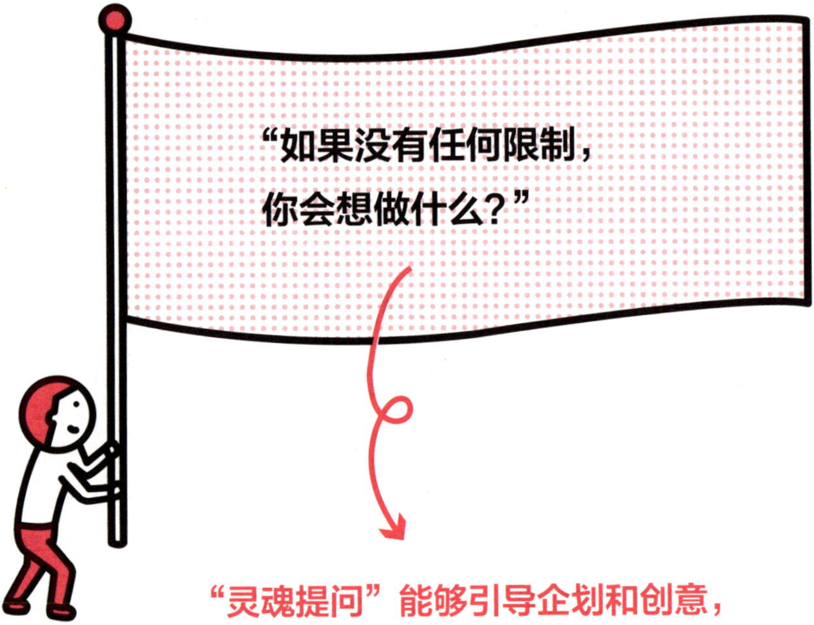

“灵魂提问”能够引导企划和创意，
抓住令人生更加充实的契机。

17 原创即是过去未曾有的“组合”

现代社会中，光凭过去的做法和经验越来越行不通，谁都难以看穿未来的趋势。无论各行各业，大家都在寻求新的思路和创意。

除了工作之外，出门旅行、举办派对、请朋友吃饭、去商场购物……这些事情都需要我们做“企划”。

一听到“企划”，人们往往会觉得这是从事创造性工作的人才需要掌握的技能。但其实不分职业和年龄，学会做“企划”对任何人都很重要，这能让我们每天都过得有趣一些、刺激一些，有时还能留下一生难忘的回忆。

那么，我们要怎样去构思全新的想法和创意呢？

其中最基本的原则就是：

“创意是既有元素的新组合。”

詹姆斯·W. 扬在《创意的生成》一书中对这个原则进行了详细描述。这本书尽管已经出版了很长一段年月，但仍是一本从创作者、广告宣传从业者到普罗大众都在参阅的“经典名著”。

人们往往都认为要创造出迄今世上完全没有存在过的全新创意、产品或服务，特殊的天赋和创造力是必不可少的前提。

但詹姆斯·W. 扬却在书中说道，无论一件事物看上去多么新颖，也必定是由某些元素组合而成，世界上就没有100%纯粹原创的东西。接着他进一步将“创意的生成方法”划分为以下五个阶段：

①收集数据（资料）；

②消化数据（从各种角度进行分析）；

③组合数据；

④创意的迸发和诞生；

⑤创意的细化和展开。

从这五个阶段的内容也能看出，将事物和事物相互关联起来的能力，即是诞生创意的才能。

也就是说，挑选出平时看似毫无关联的几项事物并将其结合在一起，便足以从中获得独特创意的灵感。世上那些充满新意的创意、产品和服务，绝不是天赋异禀的人才能创造出来的专利。

通过“既有元素的新组合”，为眼下已有的“1”加上某些其他要素，任何人都有可能孕育出绝佳的新创意。

原创即是过去未曾有的组合

第一步
收集数据（资料）

第二步
消化数据（从各种角度进行分析）

第三步
组合数据

第四步
创意的迸发和诞生

第五步
创意的细化和展开

18 让创意不断涌现的“30秒间断思考法”

在新颖而高质量的创意的诞生过程中，提出大量为其做铺垫的创意是必不可少的一个步骤。

而头脑风暴就是人们用来获得大量创意的方法之一。

头脑风暴是一种让参与者想到什么说什么，自由阐述意见，发掘新思路的一种方式。而“30秒间断思考法”则是在此基础上更进一步的方法。

这种方法通过不断提出询问并限制在30秒作答，最大限度地利用直觉等潜意识，发掘出平时不太会想到的创意和思路。

30秒间断思考法不光能用在新创意和产品的开发上，还能为我们解决工作和生活上的问题提供帮助。

培训课程也会引入这个方法，它在设定目标和直面人生课题时发挥了很好的作用。

比如说在考虑新品饮料的开发计划时，就可以依次抛出这些问题：“改变容量会怎样？”“变更设计会如何？”“再简洁一些怎样？”“要不要加点其他的东西？”

请在30秒内说出想到的内容并做好笔记，提问时间控制在能够集中精力的30分钟左右即可。

这种方式可以像头脑风暴那样召集多位同事来进行，也可以采取一个人边做笔记边提出新创意的“单人头脑风暴”形式。

在这之后，我们要将获得的创意分成数类，并进一步通过可行性、成本、用时、顾客需求等条件对其进行甄别。

“30秒间断思考法”通过最大限度利用人的直觉，能找到迄今为止都被人忽视的视角，是一种发现新颖而高质量创意的手段。

“30秒间断思考法”的提问案例

Q11. 做得超长怎么样？
Q12. 其他领域的东西能起到参考吗？
Q13. 要不要把某个部件做出可替换的？
Q14. 要不要把两个词拼在一起？
Q15. 广告里要不要用小孩子或某个角色的声音？
Q16. 能再做一些减法吗？
Q17. 有其他类似的东西吗？
Q18. 要不要试试和其他的东西组合起来？
Q19. 还有什么其他的用法？
Q20. 能去掉什么东西吗？
Q21. 能让麻烦的地方变简单吗？
Q22. 如果是你憧憬的人（明星、运动员、历史上的伟人等），他会怎么考虑呢？
Q23. 要不要让喜欢的音乐家作曲呢？
Q24. 以支持的体育团队来构思的话会怎么做？
Q25. 如果是小朋友会怎么做？
Q26. 如果绝对不会失败的话会怎么做？
Q27. 10 年后的你会提出什么建议？

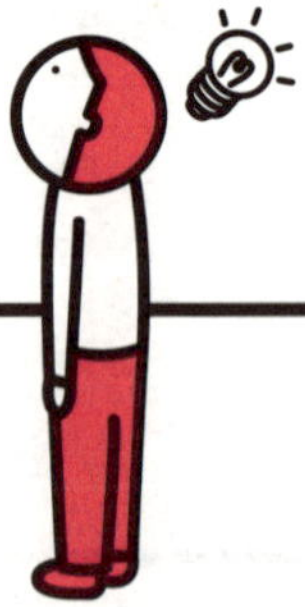

19 身边的“麻烦”中就隐藏着创意的线索

扫地机器人、可擦笔、长柄吸尘器，它们都是受人追捧的商品，那么你知道这些商品之间有哪些共同点吗？

每个人对此可能都有不同的感想，例如设计很好、用过一次就再离不开等等。不过这里我希望大家能够看到的是，这些商品都将“麻烦的事情”变得更为“轻松”了。

说到让“麻烦的事情”变“轻松”，可能有人一开始会不以为然，觉得这是在偷懒。不过若从“减少无益工作”“制度化”和“简洁化”的角度来看，是不是就不太一样了呢？

就像能够自动打扫房屋的扫地机器人，明明是圆珠笔却能够擦掉错字的可擦笔，让清洁吊扇叶片更加方便的长柄吸尘器，除此之外还有让我们能够随时随地使用电话、相机、地图、音乐等功能的智能手机和能够多次撕贴的随意贴，这些都是令生活变得“便捷轻松”的代表性事物。像这样考虑要如何把“麻烦的事情”变“轻松”的视角中，就隐藏着大量创意的线索，这不就是事物的本质所在吗？在日常工作和人际交往中，我们也要尝试思考如何把让人觉得“麻烦”的事情变“轻松”。

停下脚步想一想这些事情，我们也能从中找到与过去想法不一样的线索。

"麻烦"的事情中包含大量创意线索

20 以“鸟的视角”俯瞰，以“猫的行动”思考

为了获得新创意竭尽全力却得不到结果，想要解决问题绞尽脑汁却想不出方案，这时候不妨试试环顾一下身边，把目光投向周围的那些事物，其实创意的线索就在它们之中。

比如说空中的飞鸟，我们也用“鸟的视角”去观察世间万物如何？就像鸟儿俯瞰地面一样，我们要用俯瞰的视角从整体上看待事物，也就是从客观而宏观的视角去抓住事物的总体趋势。这也就是“只见树木不见森林”中，能够看到“森林”的视角。

人们常说猫的性格我行我素，充满好奇心。它们给人留下的印象基本上是单独行动，经常每天睡很长时间，生活得自由自在。那么从“猫的行动”中，能不能找到我们能够参考的东西呢？

与鸟的宏观视角相比，“猫的行动”能够让我们拥有看待事物的微观角度。只盯着细节看就无法把握整体情况，反过来只顾大局也无法得到经过精细打磨的优秀创意。

人会根据自己的主观意识来思考和行动，往往会把公司和组织等身边的小环境当作整个世界的基准。而通过在平时的生活中养成从多角度看待事物的习惯，过去不曾见过的事物全新一面也会逐渐

浮现在我们眼前。我们的思考广度也能借此得到极大拓展，成为我们挖掘新创意的有力帮手。

在平时的生活中养成从不同视角看待事物的习惯

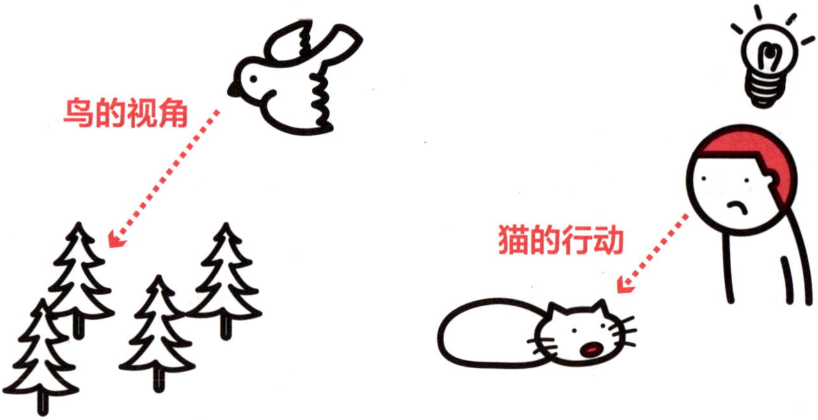

21 让任何人都能源源不断想出点子的“创意储蓄法”

大家身边有没有被评价为“擅长出主意”“经常提出有趣企划”的人呢？有什么问题找他们商量，他们也总能从意想不到的角度提出好点子或思路。

无论面临工作中的什么局面，明明迫切需要新创意，截止日期也不断逼近，但就是完全没有一丝头绪的那种焦虑感是无法言喻的。

而作为一种能够随时随地想出好创意和企划的方法，我向大家推荐的是将“创意”储蓄起来。

这种方法有六个关键点，分别是：

① 脑中有了想法就赶紧写下来，将其“落实于纸面”。

与同事或朋友的对话、博客、社交网络、电视、杂志、书籍、走在街上所见之物，这些事物都可以成为新创意的契机。我们要养成如果注意到什么东西或发现了有趣之事，就迅速将其记录下来的习惯。利用随意贴等道具整理这些灵感，在有需要之时就能顺畅地找到它们。而用手写来记录则便于我们的大脑整理这些信息，在记忆中留下更深的印象。

② 随时更新记录。

平时做好灵感的记录后也要回过头来翻阅，将其中令你觉得“没想到这个创意还挺有意思”“说不定能用在下次的提案里”等今后能够派上用场的部分单独挑出来。此外，还可以将这些创意加在一起（组合起来），对它们做“加法”和“乘法”。

③ 将创意讲给别人。

觉得有意思的创意不要只留在自己的笔记本里，而要试着说给周围的人听。通过将想法分享给他人，我们能收获与自己不同的观点，发现新的突破口。在与他人的交流中，创意便会不断得到磨炼，变得更有价值。

④ 抛弃“限制”和“成见”。

“原本我就不擅长提出新创意”“我负责的是事务性工作，所以不需要想创意”……这种自己给自己加上的“因为〇〇而想不出创意”的人为限制和成见，我们先将其抛到脑后去吧。

⑤ 为没能通过的创意“保温”。

一时间没能通过的创意随着时间和对象的变化，也有可能会再次被人认可，请不要放弃，好好地将它们保存起来。

⑥ 选择一个容易迸发灵感的场所。

咖啡厅、电车里、屋顶等高处、大街的人流中、海边或河边、浴缸里……在思考新创意的时候，选一个能让自己放松下来，更容易迸发灵感的地方吧。

有需要的时候却毫无头绪，这很有可能是因为一时间忘记了之前难得想到的好点子。因此，要灵活利用笔记这一小诀窍，优秀的企划和创意就有可能诞生其间。

利用笔记将创意储存起来

22 创意要“当场”化为雏形

这里提一个问题。

假如客户要求你从三个方向提出企划和创意，并在一周后进行演示，那么你会从什么时候开始考虑这个任务，将想法化为雏形呢？

我想很多人都会等到临近截止日期，火烧眉毛了才拿出干劲。然而为了拿出高质量的创意或方案，充裕的时间和精神状态都是不可缺少的。

要做到这点，我们从拿到任务的“当场”就要开动脑筋。

我最初贯彻这一点，还是在刚调任到广告宣发部门那会儿，从连续创作出好几个热门广告的广告导演那里学到的。

在接受做企划的任务时，我们心中就要有一个大致的方案，至少也要有一个“草案”才行。一开始的时候请先放下企划的完成度，而专注于“有”和“无”的问题。

重点是如果有疑问就“当场”问出来，并将其解决。我们要通过这个过程来引出客户对该企划的考量，有针对性地提出问题。而回到自己的位置后，或在回去的路上，我们要趁着大脑高速运转的时机，针对接受委托的主题再提出一个方案。到这里，所需的三个方案中我们已经有了两个的思路。

这么一来，我们就能进入一种在时间和精神上都游刃有余的“心理优势”状态，能够对企划案进行更加深入的挖掘，甚至从与要求不同的其他切入点提出新颖的创意。

在将脑海中的创意化为雏形时，在纸上或笔记本上将其记录下来，或在黑板上将其画下来，都有助于我们将思路整理清晰。我们在思考的时候往往只会埋头苦想，但若同时让手也动起来，则能够让这些思绪远比以往更为鲜活。而在我们迷失方向时，也能借此重新找回企划的原点。

23 30秒读书法将书籍化为工作和人生的血肉

关于有益于工作和每日生活的阅读，我希望向大家介绍自己一直在坚持使用的读书法。

本书介绍给大家的都是商务技能，因此这一节也会围绕着商业书籍等实用书的阅读方法来进行说明。

首先，我们要意识到自己希望从接下来读的书中获得什么，也就是“读书的目的”，同时也要决定读完一本书的时间。这样，我们才能集中精力高效率地获取知识。

接着开始读“前言”。“前言”浓缩了作者希望通过这本书传达给读者的精髓，所以这部分内容我们要花时间更仔细地去读。

读书的时候，我们可以把随意贴放在身边，一边读一边在自己喜欢的句子旁边贴上一张，读完整本书后，再通读一遍有贴纸的地方。借助这种方法，书中的关键信息便能在我们记忆中留下更深刻的印象。

其次，挑出两三处书中印象特别深刻、想要记住的文章或句子，连带书名和读完的日期一起记录在电脑内的阅读专用文件里。带着目的而挑选的书中，至少会有一处地方能够起到参考作用。而通过这个步骤，我们就得到了一份能够在30秒内回顾一本书内容的读书记录。

在通勤和工作间隙时，我们要灵活使用手机，抓住机会回顾这些记录下来的句子。做笔记的方法可以根据自身情况进行调整，可以手写在笔记本上，也可以上传到自己的博客里。

最后，对于阅读来说最重要的，就是不要光看不练，而要将学到的内容用到实践中去。不断地重复坚持下去，书中的经验和知识总有一天会成为我们工作和人生血肉的一部分。

1 意识到读书的目的

2 决定读完一本书的时间

3 仔细阅读“前言”

4 在喜欢的句子旁边贴上随意贴

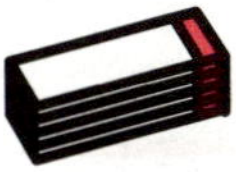

5 通读一遍有随意贴的地方

6 挑出2~3处想要记住的文章或句子记录在电脑上

7 用手机回顾这些内容

不要读完就放到一边，关键要在每天的生活中进行实践！

沟通中最重要的是去倾听那些语言之外的内容。

——彼得·德鲁克（管理学家）

第四章

沟通

|24| 在30秒内看清领导类型的方法

既然参加了工作，那么职场内的人际关系就是我们无法割离的必修课。有领导在就必须进行“汇报、联络、商谈”的工作，而团队中若在推进某个项目，成员之间相互沟通的机会也将增加。

能够与让人发自内心去尊敬的领导一起工作自然是最理想的，但我们也有可能遇到和自己合不来的领导共事，一时间在岗位上郁郁不得志的情况。而我们也不能每次遇到这种领导就希望调动到别的岗位，跳槽去别的地方。

那么，我们有没有什么方法能够看清领导到底属于哪种类型呢？

除了在日常交接工作时，从对方的工作风格和关注点等自己和领导之间的关系来进行观察之外，从团队成员和别的部门等其他人那里了解领导属于哪种类型也很关键。

看清领导类型的主要判断方法有以下四个方面。

● 更注重结论，还是希望先听理由？

对于希望直接听到结论的领导，我们要按照结论→理由的顺序进行说明，反之则要先列出具体的理由再推导出结论。在进行说明时不要根据自己喜好的顺序来，而要从对方最希望听到的信息开始说。

● 是以担风险的觉悟将完成目标作为最优先任务，还是会尽可能回避风险？

根据领导的不同抗风险意识，我们有必要对说明的方式和资料进行相应的改变。

对于领导中的前者，我们要在主要方案之外准备多个备选项，而后者则需要我们从多个可能性中精心筛选出最佳方案。

● 更希望自己主导，还是交给下属？

如果领导是前者，则我们在新建项目和收集资料时，要边推进工作边经常向领导进行确认。如果领导是后者，则要事先向他确认能够放权到何种程度再推进工作。

● 领导的“夸奖点”是什么？“愤怒点”又是什么？

我们要把握住领导会因何事夸奖下属，又会因何事而生气。

领导也是人，也会有各种不同的类型和性格。尽早看清他们属于哪种类型有助于我们采取合适的沟通方式，构建良好而和谐的人际关系和信赖关系。

从领导与其他人的交流方式看清他们的类型！

领导的类型

- [x] 结论优先
- [ ] 理由优先
- [ ] 目标优先
- [x] 风险回避
- [ ] 领导主导
- [x] 交给下属

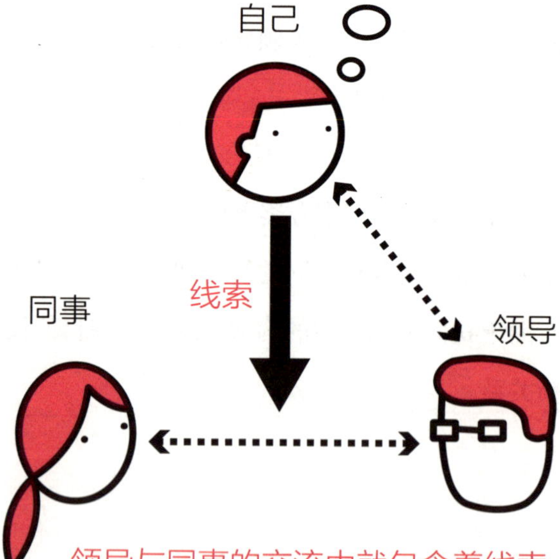

领导与同事的交流中就包含着线索

25 让领导和上级也能接纳反对意见的倾听方式

有不少人在面对公司领导、前辈和客户等“更高地位”的人发表的意见时，总是变得畏畏缩缩什么也不敢反驳。即便回过头来觉得“那时候要是说出来就好了……”，也只是无济于事。若变成这种情况，我们的工作和思考就会出现“凝滞”。

在对领导或地位更高的人提出意见或指出错误时，不要单刀直入地说出来，将意见和设想放在“疑问”里会起到很好的效果。

这种话术叫作“提问法”。

而我们在表述反对意见之前，要在前面先加上表示肯定的内容，比如“没错，的确我也这么想过”“您说的我明白了”等等。

比如说在企划会议上，大家讨论A方案和B方案哪个更好时，领导强烈推荐A方案。如要反驳这个意见，可以这样说：“如您所说，的确A方案给人的感觉不错。不过我认为B方案没有其他公司做过，是个很有意思的企划，您怎么看呢？”我们要先向对方展示自己对其的肯定——点一个大大的“赞”，再将自己的意见通过疑问句表达出来。

指出对方错误时要考虑的地方也一样，不过此时先确认自己到底有没有正确理解对方的意思是很重要的。如果难以理解对方表述的内容，就需要我们向对方进行确认，直到自己理解为止。

在还有许多其他同事在场的地方，抓住机会像是吹毛求疵一样地指出领导的错误实在不是什么可取的方法，还是好好选一个和领导单独相处的时机和场所吧。

考虑到对方的情绪，单刀直入的反驳和指摘是难以让人坦率接受的。而将意见和设想加入到提问中，则双方都不会有太大压力，人际关系也能得以良好地继续保持下去。

“点赞”+提问法

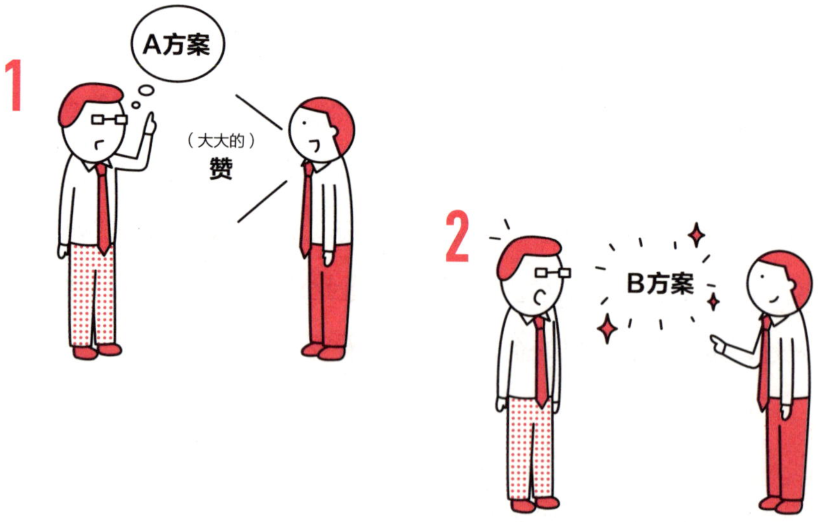

26 在会议开始30秒内决定成果

一提到“开会”，我想不少人都会抱有“时间太长了”“浪费生命”“连可以用邮件解决的问题都要求本人出席”等负面印象。

毕竟需要大家挤出宝贵的时间来参与，我们自然希望将会议流程设计得更加有意义。

会议大致可以分为三类：

1. 报告、联络型——目的是信息共享，例如汇报目前的工作进度等。

2. 决断型——目的是为某个事项作出最终决断。

3. 头脑风暴型——会议风格是全员可以自由发言，目的是从中得到新颖的创意。

而会议举办者应该做的，就是仔细确认接下来要召开的会议究竟属于哪种类型，并在会议开始前督促参会者做好准备。

若要举办一场有意义的会议，必须将“会议的目的和大致目标”告知大家。这场会议的目的是什么？希望在会议中达到什么目标？是否向大家明确了“目的和大致目标”将直接影响到会议最终获得的成果。

在召开会议的当天，也要在大家落座之时向全体参会人员再明确此次会议的目的是做出决断还是获得创意。

如果你负责会议的主持，那么请你提前熟读下发的会议纲要（讨论课题），在参会之前总结好特别关键的事项。为了在会议开场的30秒内将主旨说清楚，一个要领是将这些内容在笔记上一项项列出来。

这里灵活使用之前所说的三个词“关键词”“铺垫词”和“接续词”（参见第5~7节），就能够围绕会议重点进行发言，胸有成竹地参与当天的会议。

在会议开始的30秒内告知大家“目的”和“大致目标”

27 每天花30秒“观察”团队中的一位同事

“完成自己的工作就够勉强了，基本没法对下属的事情照顾得面面俱到”“跟下属之间有代沟，不明白要如何相处”，我想应该有不少领导在管理上会碰到这些烦恼。他们有在负责自己工作任务的同时还需要进行管理的非脱产经理，也有工作2~3年后拥有几名手下的小头头。

那么，在每日繁忙的工作中，要怎么做才能让下属和自己配合默契呢？

这个方法就是每天花“30秒”仔细地对每位下属进行“观察”。从表情、脸色、打招呼时的声调、对工作有没有动力、和周围的同事能不能好好相处等角度，将目光投向团队中的每一个人。

一人30秒，假设有10名下属，那一共就是300秒，也不过是5分钟而已，即便再忙的人应该也可以挤出这点时间吧？

如果时间上宽裕的话，就请对下属多加鼓励和夸奖。

也就是①观察→②搭腔→③夸奖三个步骤。

对下属搭腔和夸奖的时机最好挑选在他工作热情比平时更低、工作停滞不前的时候，而不是对方原本就充满干劲的时候。

通过仔细挑选向下属搭腔的时机，能够让他产生对上司的信赖感，觉得“自己一直在被关注”，其对待工作的姿态和动力也会有所变化。人越是被期待、越是感到自己被关注，也就越能做出成果、越能得到成长，这就是“皮格马利翁效应”发挥了作用。

我们要通过“观察”发现下属的闪光点，并坦率地认同和进行夸奖：“这个创意真不错”“我都没注意到这点”。长此以往，不仅和下属彼此之间的氛围会得到改善，整个团队也会变得更加团结和紧密。

每天挤出30秒来“观察”团队中的每一个人

1 观察 → “表情”“脸色”“声调”等等

2 搭腔

3 夸奖

28 巧妙夸奖对方的诀窍

各位在最近有没有夸奖过别人或被别人夸奖呢？夸奖文化一直以来并没有在日本的职场中扎下根，我想大多数人最近应该都没有受到过夸奖吧。

可即便是成年人，大家在被夸奖、被感谢的时候也同样会感到愉快。

若被领导和主管夸奖了，我们便会涌出干劲，产生要更加努力获得成果的想法。没有什么比这更让人心情愉快，而这也是所有人都有的人之常情，不是吗？

在培训课程中，“夸奖”也是一项十分重要的沟通技能。除了夸奖之外，我们还要注意到下属和同事的成长和变化，向他们传达对其自身为人的认可。

那么，怎样的“夸奖”才是能让对方喜悦的方式呢？

那就是去“夸奖”对方“自己认为擅长的地方”和“很介意的地方”。

有针对性地去夸奖对方的长处和擅长领域，就能让对方产生被认可的心情：“原来他一直在注意我啊。”

这么做的要领是在对话中记下对方说的“被别人说○○还挺开心的”“之前被说○○自己一下就有干劲了”，并关注他们说这些话时的表情，从而自然不做作地向对方进行夸奖。

我们在夸奖别人时不要去依赖类似于“要夸奖什么才好”的小技巧，而要去认可他人本身。长此以往，你身边的人际关系便会得到改观，整个团队也会更好地获得成果。

双方对话中就有可“夸奖”的线索

- 长处
- 擅长领域
- 介意之处
- 观察表情

29 在30秒内让人对“半径3米内”的课题产生“主人翁意识”的诀窍

有时明显是团队内部出现了问题，却有一些人丝毫没有主人翁意识，只会将责任推到其他人身上。越大的项目牵扯到的人数就会越多，而基本上大家也有别的工作和项目在同时进行。

为了在不同的状况和环境下顺利推进项目，团队的紧密团结是必不可少的。而解决课题，则需要每位成员都具有“主人翁意识”，将其视为自己的事情。

这种时候，为了让团队之中避免出现有人干劲十足、有人兴致欠缺的情况，一种方法是让所有人都意识到完成课题的好处和完不成的坏处，特别是要让他们意识到出现问题的坏处，让他们意识到，如果不摆正态度去直面课题，那么之后问题就有可能落到自己头上。

这是因为人的普遍心理更倾向于回避疼痛和损失等坏处而不是去获得好处。而劝说时的诀窍是要消除对方潜在的不满和不安。

以广告来举例子，如果仅仅宣传商品有哪些好处，信息是无法传达到观众心中的。

“你在为减不下肥而烦恼吗？”“你是否在因发质受损而困扰？”

先向观众传达此类让人产生负面情绪的信息，再亮出使用某种产品的好处，这才是有魅力的表现方式。

“这次如果不能在期限内达到项目目标，之后安排的休假也只能调整了。”“若不能尽快引入新系统，我们的市场份额就会被竞争对手抢占。”通过这种方式，我们就能让团队中的每个人都意识到之后可能会遇到的困难。

像这样让大家对身边“半径3米内”的课题产生主人翁意识，我们就能期待团队和组织变得更加紧密团结。

让对方强烈意识到对自己的好处和坏处

↓

对身边“半径3米内”的课题产生主人翁意识

|30| 在30秒内迅速而正确判断事物的方法

为了切中要点地捕捉到对方所说内容中的主旨，在发生某些问题和情况时迅速做出应对，我们需要更为准确明晰的信息输入。

为此很重要的一点是，我们要基于本书第一章中所介绍的“主题（最希望传达的信息）+论据（理由）”方式，在听的同时探寻对方究竟在说什么，想要传达什么信息。更进一步地，我们还要在听到的瞬间判明那些内容到底属于“事实”“看法”，抑或“推测”中的哪一类。

比方说，下属向作为领导的你传达向客户做演示的结果时，如果说：

“向○○○公司演示的企划案中，对方决定选择A方案。”

这种断定的说法更可能意味着“事实”。

“向○○○公司演示的企划案中，我认为对方恐怕会选A方案”则是“看法”。

“向○○○公司演示的企划案中，据说对方可能会选A方案”则更像是传达“推测”。

明确地判断出对方所说的是“事实”，还是他作为负责人的

“看法”，抑或是他基于从周围获得的信息而进行的“推测”，这一点十分重要。

人与人之间的交流很多时候不光是传达事实，还会伴随着说话人的看法和推测。所以，根据不同的说明方式，听者对同一件事的理解也会有所不同，这也是引发问题的原因之一。

在无法做出判断的情况下，一个诀窍是通过加入“关键词”的提问来正确捕捉事物的全貌。

比如，在这个例子中，我们就可以当场反问下属来确认事实：“你说对方‘决定选择’A方案，那我可以认为这是既定事项了吧？”这样，我们就可以迅速而正确地对事物做出判断。

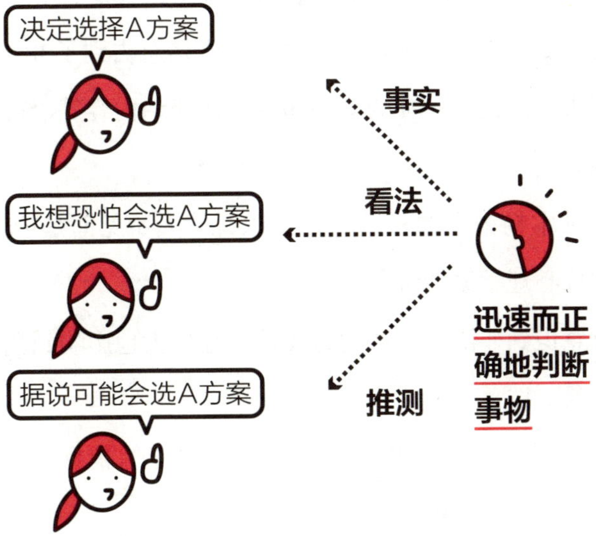

31 在30秒内读出对方心思的“非语言沟通”

在你身边，有没有那种初次见面就让人不知为何觉得很好接触、很好沟通的人呢？

人们在沟通交流时，并不只是在用语言来传达信息，表情、举止、视线、姿势、声调等语言之外的因素也承担了很重要的任务，这些语言之外的沟通就叫作“非语言沟通”。

根据美国心理学家艾伯特·梅拉比安所提出的“梅拉比安法则”，一个人给初次见面的人留下的印象中，表情、举止和视线等视觉信息占到了55%，声调、声线等听觉信息占到了38%。加起来非语言因素就决定了93%的第一印象，而谈话内容等语言信息只占到了区区7%。

就像某本畅销书的标题，之所以说“人所见即是9成”，也正是出于这位心理学家的研究。

是否意识到非语言沟通的重要性，会极大地影响到我们给对方留下的印象。

如果一个人所说的内容和他表现出的非语言信息并不一致，那么对方就会感到不自然。

打个比方，你的领导对你说“随时可以找我商量”，但当你找他时，他的视线却根本没有转向你，还是继续盯着电脑屏幕，只是随便应付几句。

如果是这样，那么比起口头上的承诺，你就会更注重领导的非语言表现，心里想着“明明说了可以随时商量，看来都是违心之语”，与领导之间产生“心理上的距离感”。

我们要时刻将这件事放在心上，在平日里就有意识地让语言（Verbal）、视觉（Visual）、听觉（Vocal）三大V要素保持一致，与他人构建良好的人际关系。

梅拉比安法则

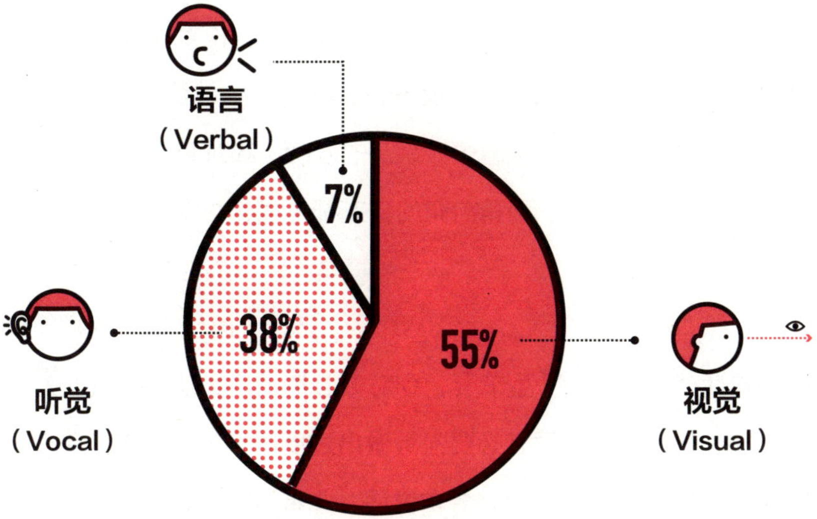

32 引导对方侃侃而谈的“回应力”

让对话热烈进行下去的关键，取决于听者一方的“回应力”。

人类是一种会向愿意倾听自己的人敞开心怀的生物，“希望别人接纳自己”的认同欲得到满足后，人便会怀着好感更加亲近对方。虽说大家都觉得对话是你来我往比较好，但实际上“基本由对方在说”的目视才更容易给别人留下好印象。

成为一名好的倾听者要做到如下两个要点。

第一点是要顺应对话的内容，时不时做出“原来如此”“那可真不错”“的确是这样”等表示认同的回应，这样对方就会感到自己说的话被接受了而愿意继续说下去。其中的要领是当说话人讲得情绪高涨时，我们也要做出更加强烈的反馈。在难以区分对方表情时，略微提高的声调、稍稍前倾的姿态都可以作为判断标准。

第二点是要加上类似于“听上去真是不错，我也想去体验一次”的、表示自己对听到的内容深感兴趣的“评论（感想）”。这样简单的一句话就能让对话产生节奏，令对方心情更愉快地继续说下去。

在进行回应时，没有必要强行做出过度的反馈。重点是要拥有能够读出对方是以怎样的心情在说话、又希望获得什么感受的“想象力”。

比如说，在听到“天气不怎么好，我花了一个小时赶到那家生意火爆的拉面店，又排了一个小时座位最后才吃上”时，我们就可以“想象”到对方即便如此“也想去吃”的心情，做出“你还真是舍得跑呀！”“等这么久也值得了”等饱含真诚的回应。

换句话说，好的回应即是你将自己的想象力表现出来的行动。

做出回应的两个要点

1

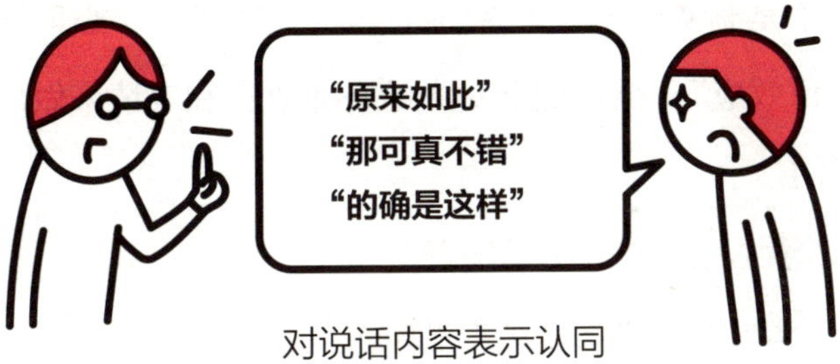

对说话内容表示认同

2

加上自己的评论（感想）

33 引导不善言辞而内向的人说出真心话的诀窍

很多人都知道，在交流过程中“倾听”是非常重要的。但你是否了解，通过在倾听上下功夫，我们还能“引导”对方说出自己的真心话呢?

要做到这点有三个窍门。

第一个是制造出对方能够畅所欲言的“环境”。心理学上将其称作“镜像效应”，据说配合对方的身体语言和表情来做出回应是最有效果的。

第二个是配合对方的呼吸节奏。

第三个是着眼于对方话语中重复的词（关键词）。

比如说领导交给我们一个项目，而每次对话时总会反复提及“项目交期没问题吧?”，那么比起项目完成度，领导更重视的应该就是“交期”了。同样地，如果被多次问到“成本情况如何?”，那更可能“成本”才是最需要重视的方面。

特别是在与不善言辞而内向的人进行商谈或交涉时，如果你感到“是不是要由自己来主导对话”的压力，那么这三个窍门就能起到很好的改善对话氛围的效果。

熟练掌握这种能够自然而然“引导”对方说出真心话的技巧不光能在工作上发挥作用，也能在私人场合帮助我们顺利构筑起良好的人际关系，请大家一定要在每日的交流中应用这些技巧。

如今的现状是大部分人都不会太仔细地去听别人说的内容，如果只是希望从对方那里获得自己想要的信息，那么对方自然也不会敞开心怀，双方也就无法建立起更深厚的关系。

交流沟通的必要前提是对他人的体恤和关心，只有这样，对方才会信赖我们，对我们敞开心怀。

通过对“动作”“呼吸”和“言语”的配合来解除对方的心理戒备

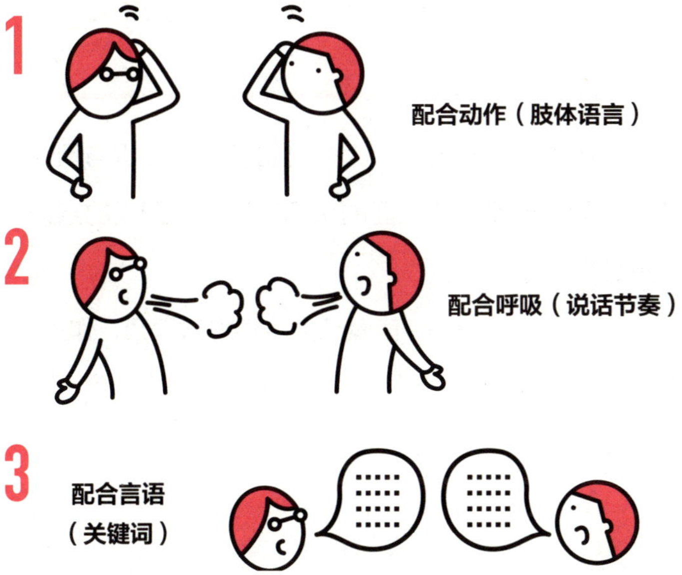

不擅长与人交流的人大多付出了努力希望与别人打成一片，但没有在见面的瞬间表达出对别人的亲切之情才是问题所在。

——斋藤茂太（精神科医师、作家）

第五章

销售

34 不输给首次见面的“客场氛围”即可

人们经常在日常对话中使用“客场作战”这个词来比喻不利的状况或不适应的情形。在足球等运动项目中，主场队伍能够获得热烈的鼓励和支持，而客场队伍则从一开始就置身于压倒性的不利状况中。

商业世界中也是如此，做销售时首次上门拜访客户正可谓就是“客场作战”的状况，任谁遇到这种情况都会紧张。

做销售时首次拜访的目的是让对方“希望下次还能见面”，此时“第一印象”就是最关键的因素。

美国心理学家蒂莫西·威尔逊表示，人们会参照过去的经验，从初次见面几秒内获得的信息中判断出对方属于哪类人。初次见面头几秒给他人留下的印象可谓是尤为重要。

有一种说法是，一旦给人留下了“这个人不太行”的印象，就需要花三个月到六个月的时间才能挽回。

首先我们要把握好能够极大左右第一印象的发型、服装等仪容仪表以及表情、举止等基本要素，这些内容没必要弄得特别复杂，注意“大方得体、面带笑容、礼貌待人”即可。

初次见面时，一入席就立刻开始商谈，单方面展示自己和自己公司却不听对方说什么，这种做法是最为荒唐的。请先将注意力集中在听对方说什么上，对方说的内容和自己说的内容保持在4比1的比例最为理想。

人总是会对愿意倾听自己说话的人抱有好感，所以我们应该把目标放在“让人说话”“擅长倾听”而不是“擅长说话”上。

作为销售工作的思想准备，就让我们把不输给最初的“客场氛围”作为目标吧。只要想到“战胜客场氛围即可”，我们就能平静下来，即便是与对方首次见面也能发挥出自己平时的实力。

目标是不输给“客场氛围”

35 客户们最为关注的要点

在初次见面的沟通中，一些微不足道的地方就会极大地改变给对方留下的印象。人们会从各种侧面做出或好或坏的评价，但其实第一印象大部分都取决于个人好恶。无论我们多么有才能，若引起了客户的主观排斥，那么后续的商谈也就无从谈起。

在最初的阶段，对方仍处于一种“封闭心灵”的状态，没有任何铺垫直入主题只会给对方留下粗鲁没规矩的印象，谈话也会无法推进下去。

要记住，首次见面的目的是，让对方从“封闭心灵”转变为“希望下次还能见面”的状态。

一开始就只顾着展示自己和自己的公司并不会让对方敞开心怀，我们首先要做的，是让对方解除“心灵上的防备”。

这里我们可以对照对方公司的产品和服务内容、负责人的籍贯和兴趣等提前收集到的信息，一边攀谈一边推进对话。而要做到这点，事前主动从自己的领导和前任那里获取翔实的信息十分重要。

接下来，对方会从两个方面来判断是否要深化这段关系。

一个方面是“你是否真的值得信赖”，另一个方面是对于自己和公司来说“你的存在是否有价值”。

在对方“观察”我们的沟通方式、礼仪、仪容仪表等方面时，我们也要从各种角度提出疑问，了解对方看重的事物和所持的价值观，从中获知对方的真正需求。

“下次要不要继续见面”由对方来决定。销售是一种将互相确认对方意图的同时获得共识这一过程不断推进下去的工作，因此只有带着设身处地的体恤和诚实，我们才能打动对方的心灵。

让我们着眼于深化关系的两个要点，去打好关系到未来的“这一战”吧！

事前准备很关键！

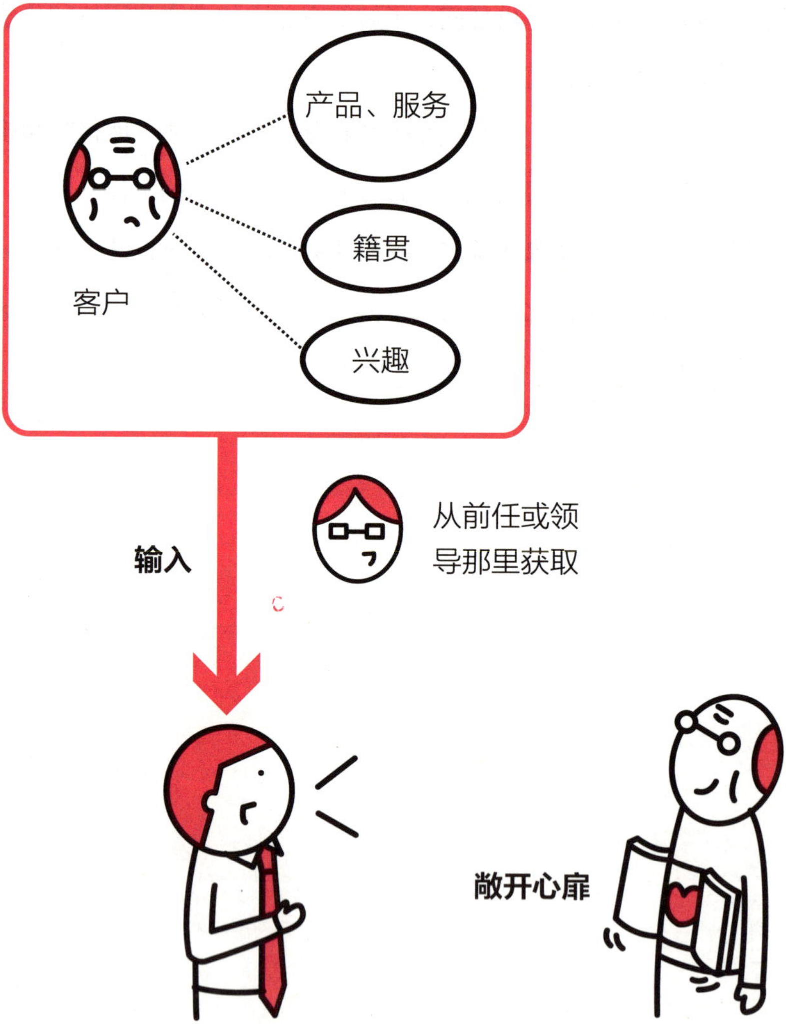

36 在临别之际的30秒内留下最好印象的“峰终定律”

“行百里路半九十”“有始有终”“功亏一篑”……很多俗语都告诉我们，一件事的结束才是最为关键的地方。

大家是否了解“峰终定律”呢？这是由获得了诺贝尔经济学奖的美国行为经济学家丹尼尔·卡纳曼提出的理论。这种理论认为，我们对一段体验的感受取决于这段体验高潮和结束时留给我们的印象。

比如电视广告和电影中在高潮部分将情绪推至顶峰的做法，就是基于这个理论而实现的。

而为了在临别之际的30秒内给对方留下一个好印象，让我们也来利用一下“峰终定律”吧。其中的要领有三个，首先是不要急着起身走人；其次是来时微微弯腰，去时堂堂正正（无论结果如何）；最后是不忘表达感谢之情。我们要将向对方传达“自己喜欢对方、对方公司及公司相关产品的什么地方”和“从对方所说的内容中受益良多”的心情切实地展现出来。

“关于工作的精髓，您能再教我一点吗？”“我要变成○○（对方公司名或产品名）的粉丝啦！”我们在商谈中遇到感慨或喜欢的内容，也要像这样将真情实感传达给对方。

这些行为能让对方产生一种“亲近感”，即便遇到不利情况也能一举扭转自己给对方留下的印象。

37 即便是自己不了解的话题也能当场接话的诀窍

据说酒吧招待也有一些专门的“招待规矩”，其中大部分都强调了要与来店消费的客人“保持距离感”。

比方说，客人有可能是下班从职场解放后，抱着放松下来想要喝几杯的心情来酒吧的，所以在顾客主动说到自己的工作之前，招待都不可以提及对方的职业、学历和名字。

酒吧招待的过人之处是决不会忘记到过店里的客人长相、名字和闲聊内容。各位可能也有过这样的经历，觉得“虽然和招待聊得挺尽兴，也说了下次再来，但到时候要是对方不记得自己就尴尬了”，从而在心理上产生一些犹豫。不过在第二次到访时，看到招待抛来的仿佛在说“我还记得客人您哦”的眼神，听到“晚上好”的招呼声，是不是就松了一口气想要常来了呢？而这在商业上也是一种必备技能。

无论是谁，都在追求一种“被重视感”，希望“被身边的人看重”，希望自己“成为特别的存在”。很多情况下，我们觉得“微不足道”的东西在对方看来就是十分重要的事物。如果自己介意的事情、倾注了精力的事情得到其他人的赞扬，任何人都会觉得愉快。通过向对方展示自己发自内心的关心，便能让他觉得“这个人是真的很看重自己”。

为了区分那些乍一看“微不足道”，但其实在对方看来十分重要的事情，我们要去“积极接受”并“认同”对方所说的话。

比如说，当对话进行到我们不感兴趣的话题时，如果直接回答“这个我完全不感兴趣”，那么之后的对话也就没法继续下去了。

这种时候我们就要去寻找话题的接入点，例如“我身边还没有人试过，请您务必向我介绍一下”，来营造一种对方能够继续说下去的氛围。而向对方的擅长领域提问也是一个让闲聊热络起来的窍门。

在与人会面后，我们可以做一个简单的笔记来记录下对话内容。笔记本、手机的记事簿、名片背面都是可以利用的工具。

当我们将对方告诉自己的事情牢记于心，并在下一次碰面时提及这些话题时，就能极大地满足对方的“被重视感”。

记住这些“微不足道”的事情，不但能给他人留下好印象，而且无须拼命展示自己，也能收获他人“极大的信赖”。

记住那些“微不足道”的事情

笔记本

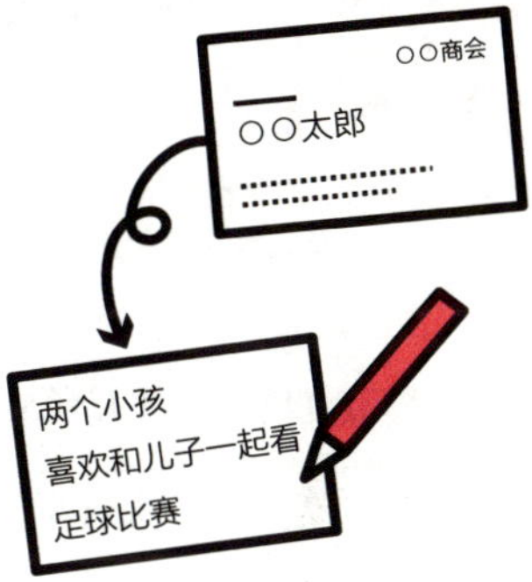

名片背面

手机的笔记功能

38 闲聊话题的王道是“天闻衣食住兴”

当我们和客户方负责人、公司领导和同事初次见面时，对方会对我们“是否值得信赖”“能否委以重任”进行判断，而闲聊的情况往往会作为判断的依据之一。

不过是闲聊而已，却能起到闲聊之上的作用。如果能够借助闲聊与初次见面的人谈笑风生，想必之后的工作也能够顺利推进下去。

只不过，“能谈好工作上的事情却不擅长闲聊”的人似乎在任何年代都为数不少。

如果你在为不知道闲聊时说什么话题而烦恼，那么就请记住能够挑起最初话头的关键字“天闻衣食住兴”，也就是“天气、新闻、衣着、美食、居住、兴趣”六个方面。

乍一看，你可能会觉得这些跟商业本身没有任何关系。

但与商谈或会议这种“严肃紧张”的场合不同，闲聊是一个能够向对方清晰地展现自己“为人”的机会。从那些被认为于工作无益的话题中，我们才能够看清一个人的真心。

而作为让闲聊更加顺利的一个要点，请仔细“观察”对方在聊到他们喜欢的话题时所展现的表情和举止。

在交流沟通过程中，细致的观察力不可或缺。而观察时最为重要的，就是“用耳、用眼、用心去倾听”的技能。

一般来说，人们在提到自己喜欢的事物时表情会变得开朗，眼神也会更加明亮，此外声调还会上扬少许。如果对方顾视自己时不时点头，就说明双方的距离得到了拉近。

在与对方接触时抛出各种各样的话题，我们便能了解此人所关心的事物，甚至连其注重的价值观也能窥见一二。

“天闻衣食住兴”的具体例子

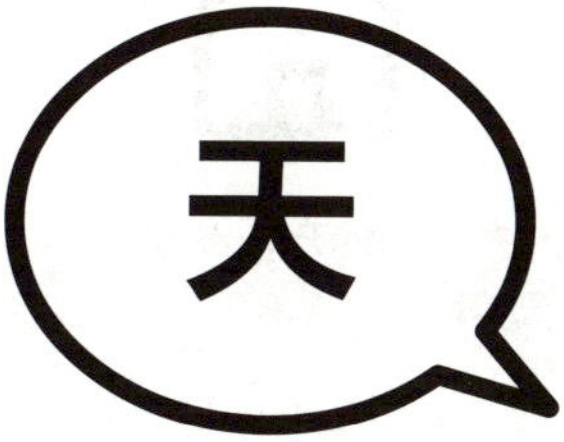

天气

（天气、气温、污染指数等）

新闻

（热门话题、业界信息、家庭逸事等）

衣

衣着

（潮流、手表、皮鞋、发型等）

食

美食

（热门餐厅、时令菜式等）

住

居住

（现在以及过去住的地方，本地的特色和活动等）

兴

兴趣

（宠物、看比赛等）

39 在30秒内将话题从闲聊转向正题的有利时机

当闲聊聊得尽兴时，差不多也想要回到正题了。这时就需要我们掌握在合适时机结束闲聊，将话题自然地转向正题的技术。

为了做到这点，我们需要设定一个与正题有联系的关键词，并在事前就做好准备。

具体来说，如果会面的正题是提出与以往角度不同的企划案，那么就可以使用热门商品和广告的事例开启闲聊话题；如果正题是公司主页的方案，那么就可以先聊聊已经大获成功的其他网站。

此外，在话题中自然地加入类似“贵公司的主页从上周起就变更设计呢”等表示关心的话语，也能给对方留下“他还真是在关注我们公司”的印象。将事前准备好的关键词记录在手边的笔记本或文件上，便能在找不到话题时做出应对。

反过来说，有时候也会出现明明希望尽快回到正题，但却找不到好机会结束闲聊的情况。

这时也可以采取单刀直入切换话题的句式，比如“趁着今天您有时间，不如我们说点正事，您看如何？”“和您聊得真是愉快，不过我今天主要想跟您说的还是……”等等。

通过展现顾及对方的心意，就可以将话题顺理成章地切换到作为最初目的的正题上。

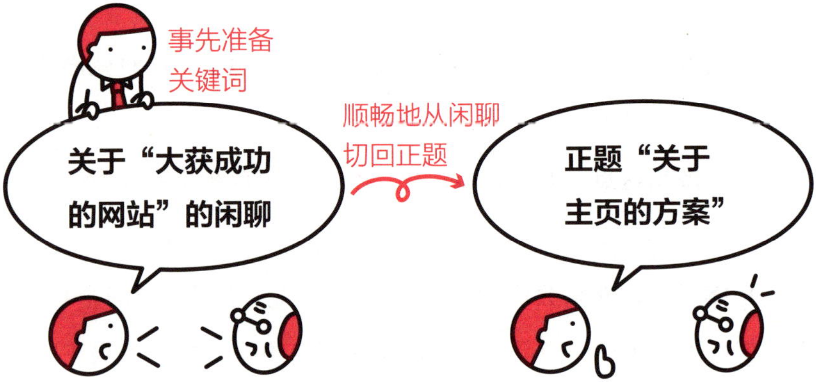

40 利用失败经历提升200%好感度的诀窍

为了在闲聊中拉近双方距离，有一种方式是分享自己的失败经历。为何分享失败经历能起到这样的效果呢？

这是因为，对方说不定也经历过许多次同样的失败。揭示自己的失败经历不仅能缓和现场氛围，还能给对方带来好感如“总觉得这人还挺有意思的！”，成为构筑良好关系的契机。

此外，相互之间去除隔阂后，“互惠准则”便会发生作用，只要自己敞开心扉，对方也会变得愿意敞开心扉，双方距离拉近的速度也将一气呵成。

分享失败经历的窍门是“不要使用吹嘘的口气”，否则对方就会想：“明明是失败经历怎么他还得意起来了？”社交网络上偶尔就能看到这样的情况，表面上是在分享失败经历，实则在他人看来只是自吹自擂，大家一定要注意避免发生这种情形。

然后就是“避免提及会影响到自己为人和工作可靠程度的失败经历”。“因为宿醉而在演示会上迟到了”“重要的合同忘在电车置物架上了”，这样的失败经历只会让对方心里打鼓：“和这个人一起工作没问题吗？”绝不适合拿出来说。

只要事先常备两三个能在30秒内分享完的“失败经历”，就能出乎意料地缩短与对方之间的距离。

“失败经历”能极大地拉近和对方的距离

干劲从来不会“失去”，只是我们决定将其“丢弃”罢了。

——阿尔弗雷德 · 阿德勒（心理学家）

第六章

动力

41 “总之先干起来”就能避免习惯性拖延

本书到这里已经介绍了各种各样用于高效推进工作的方法，不过还有一个要解决的，大家每天都会经历并为之所困的问题，那就是“动力”。

制作会议资料和报告、回复邮件、跟领导的“汇报、联络、商谈”、收拾整理办公桌、成本核算……其他的还有语言和各种资格证的学习考试。即便我们脑子里知道这些事都非做不可，但却不知道要从何做起，一不留神就又犯了拖延的毛病。大家是不是都有过这种经历呢？

将事情往后拖延，只会在泥沼中越陷越深，工作完成得更加草率，也没有多余的时间用以抵御失败的风险。

为了避免习惯性拖延，就像序章中所说的，我们要在最初就把握住工作的全貌，在制定一个“目标”的基础上，尽可能地将其“细化”。这里的要领是，无须一口气干到底，而是先做30秒试试看。

将工作细分

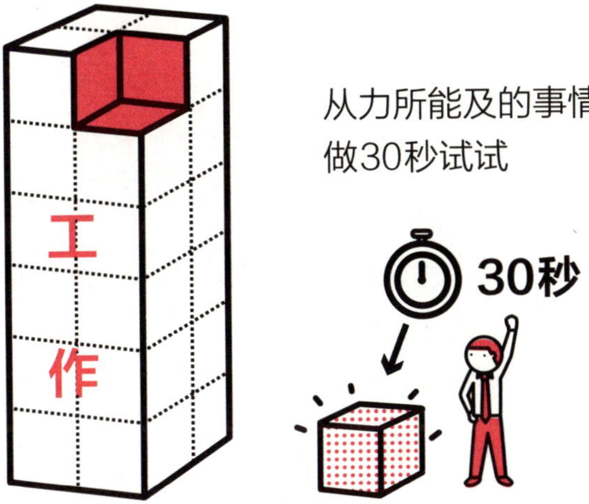

从力所能及的事情开始先做30秒试试

比如我们可以从“决定演示资料的格式”“确认公司内的信息来源”“整理文件”等能轻松做到的事情开始着手，一项项将其处理完毕。

这个过程中最重要的是，不要一上手就直指最后的目标，而要放下矜持去慢慢打磨、徐徐图之。与其在非做不可的工作面前止步不前，迈出最初一步才更为重要。

接着，我们要做出判断，今天开始的工作需要推进到什么程度？要不要先放一边，之后再接手继续干？若决定暂时把这些工作放一边，就要“当场”安排好之后的计划，确定什么时候再继续。如果把任务往后推迟，也要时刻抱着到了期限就立刻开工的意识。

只要一步一个脚印地往前走，即便面对提不起干劲的工作，我们也能避免落入“习惯性拖延”的陷阱。

42 在一瞬间"略过"讨厌之事的技巧

工作遇到失败、被领导狠狠批评、被同事们随意喝来唤去……一旦我们被愤怒、嫉妒等消极情感冲昏头脑，一时之间就很难再切换回正常情绪。

如果好几个小时甚至好几天都持续这样的状态而找不到对策，那么这些情绪就会成为影响工作和身体健康的重要负面因素。

商业领域也好，职业运动领域也罢，其中的成功人士都有一个共同点，那就是能够迅速地调节情绪。

也就是说，他们都拥有能够在一瞬间切换心情的"自我开关"。通过这种能力控制愤怒的情感，就能避免无谓的消耗。那么，究竟有什么方法能够让我们把自己的心情调整得更加积极呢?

下面就是一些将"不安"暂时放到一边的小技巧，比如"走出公司就把工作完全抛之脑后""碰到讨厌的事就打个响指说一声'你最棒！'""想象用双手抓住讨厌的事并丢进虚拟的垃圾箱"等等，这也是培训课程中常用的手法。

此外，把头脑中想的事情写出来，让烦恼"云端化"也是一种方法。日记本、记事本、电脑或手机的笔记功能都可以用来记录。

等我们的心情平复下来，恢复到能够做出冷静判断的状态，再去解决这些问题即可。

时间是人生的宝贵“资源”。

当我们陷入烦恼时，就要决定好烦恼的“时间”。让我们一起掌握能在30秒内切换心情的“自我开关”，做愤怒和烦恼等情绪的主人吧！

“人最大的罪过就是不快活。”

——德国诗人　歌德

43 在30秒内变得积极的“看待事物的方式”

无论何时都看上去很幸福的人和经常将精力浪费在不满和埋怨上的人，大家认为两者之间在什么地方有区别呢?

那就是“看待事物的方式”。

我们在看待任何事物时，凭借的都是自己独特的视角，也就是从主观上做出判断。即便是同一样事物，不同的接受方式带来的感受也是截然不同的。

为了从自己已经拥有的事物中感到幸福，可以借助下面两个方法。

第一个方法是，将注意力集中在自己目前已经拥有的事物上。目光是否专注那些有所欠缺的不完美，将极大地影响到我们对幸福的感知。

第二个方法是，尝试用积极的说法替代消极的说法。

“优柔寡断→深思熟虑”“消极怠工→三思而后行”“没有常性→兴趣广泛”“多管闲事→乐于助人”“四面讨好→待人友善”。

像这样，原本让人消极的话语都可以换一种说法，变得更加积极。

不要永远烦恼于自己所欠缺的东西，通过转变“看待事物的方式”，我们现在就可以立即把握住幸福。

关注已经拥有的事物

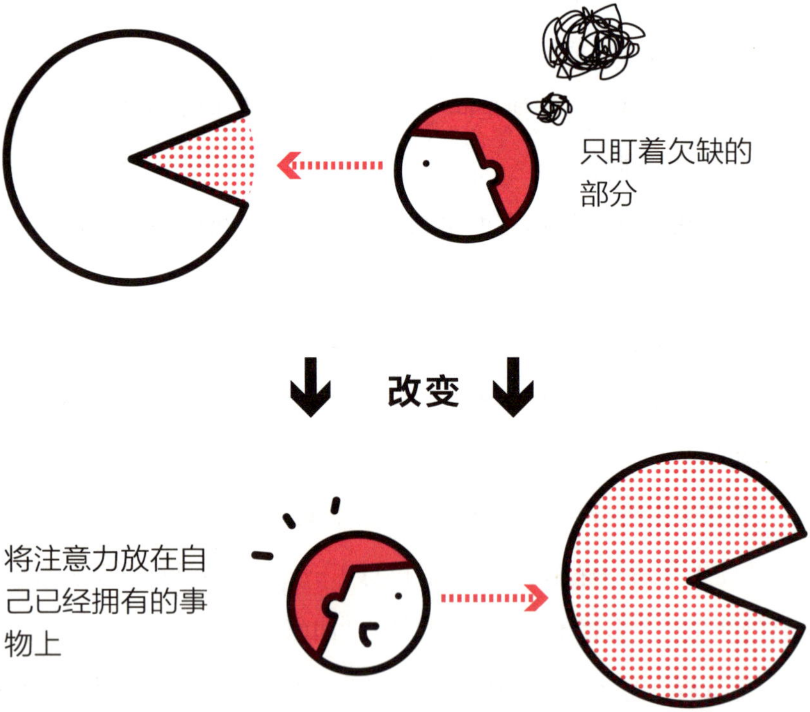

44 保持平常心的呼吸法

在面对将极大影响到自己事业和未来的演示、会议、面谈时，我们往往会承受极大的不安和压力，甚至会想要逃走。这种时候，大家是如何处理这些情绪的呢？

近几年，“正念”这个词获得了不少关注。所谓“正念”，即是“将精力集中于当下”。苹果、谷歌等硅谷企业就将正念加入了培训内容，在运动界，顶级网球选手德约科维奇也因专注于正念而广为人知。

为了克服不安和压力，一种能够轻松做到的正念方法就是“深呼吸”。说到“深呼吸”，很多人都更注意吸气，但比起“吸气”，专注于“呼气”其实更加重要。

深呼吸的做法很简单。花10秒钟将腹中的空气缓缓吐尽后，再用鼻子吸气5秒钟，这样重复两次。在休息或通勤等工作间隙，我们随时随地都能抽出时间轻松完成这些内容。

舒缓的呼吸能够调节我们的自律神经，让我们进入放松的状态。这时请闭上平时高强度使用的眼睛，通过屏蔽视觉，我们便可将注意力更加集中在深呼吸上。让我们借助深呼吸找回平常心，随时进入能够发挥自己真正实力的状态！

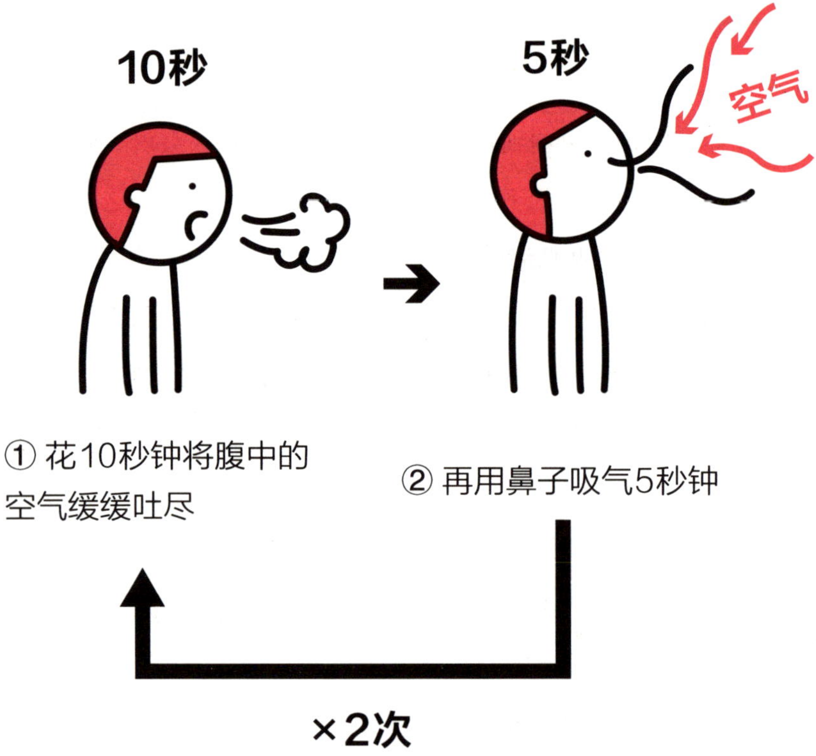

45 到岗后和回家前的“超短时间整理法”

“公司办公桌上的资料堆积如山”“想找的数据一时半会儿找不出来”“一直没打扫到处都是灰尘”……即便自己知道必须要及时整理才行，但却迟迟下不去手，结果一直拖延下去，我想这种人应该不少吧。

如果办公桌上连正常工作的空间都没有，就更不要想提升作业效率。如果所需的数据和文件无法即时取用，那么显然只会浪费大量时间。

作为一种解决整理烦恼的方法，让我们养成在上班后和回家前“花30秒”进行整理的习惯吧。

“一到公司就擦一遍办公桌。”

“把电脑屏幕和键盘清洁干净。”

“下班前把没用的数据和文件删除掉。”

“当天用到的资料放回固定位置。”

“整理好收到的名片。”

能在30秒内整理完的事项比我们想象中的要多得多，整理的窍门是从自己能做到的和最介意的地方开始收拾。

我们要将这种作业当作一项工作列入每天的日程中，令其成为日常习惯。

花短短30秒进行整理的“小习惯”日积月累下去，就能让我们创造更加舒适的工作环境，不仅目光所及之处会更加整洁，我们的心灵也会变得清爽。

从30秒能够完成的整理开始

擦拭电脑屏幕和键盘

下班前扔掉无用的数据和文件

名片的整理

46 集中注意力的三个诀窍

明明有一大堆要做的事，但就是无法集中并保持注意力。

遇到这种时候，那些能够对工作保持极大热情的人，都有着自己最大限度集中注意力的诀窍。

首先是在一段时间内“除了决定要做的事情之外不做其他的事”，并创造出隔绝那些“只要在附近就会想做的事”的环境。

为了集中注意力，环境的塑造是必须的。如果放不下手边的手机，就把它关机；如果身边有时不时会去看上两眼的东西，就把它放到看不见的地方去。营造合适的环境才能避免注意力中途分散。

其次是抓住自己能够集中注意力的模式。

通过把握住自己究竟能在怎样的环境下集中注意力，便能有意识地让自己身处这种环境，随时能够集中精神。了解自己的模式后，就可以避免再浪费时间和精力用于决定自己在什么地方做什么上。

制作文件时就找个远离办公桌的安静场所，阅读资料或书籍时就找个人少的咖啡馆。我们可以像这样整理“事项”和“场所”来找到自己的模式，从过去的经验中发现最适合自己的集中注意力的方法。

根据每日情绪、身体等身心状态的不同，集中注意力的方法也有可能会随之变化。一直以来只能在图书馆等安静环境才能集中注意力的人，有时候也会突然变得只有在适宜的噪声下才能集中注意力。这时就需要我们立刻做出判断，到底是继续待在以往的环境，还是要换个环境到别的地方去。

最后一个诀窍是将时间分割开。

虽然因人而异，但我们一般都只能在30~90分钟的时间内在某项事物上持续集中注意力，过了这段时间就会事倍功半。我们把时间分成合适的区间，到既定的时间点为止都集中注意力完成作业，而一旦过了这个时间，就要暂停工作站起来，想办法让自己的身心获得休息，例如呼吸室外新鲜空气等。能否持续而长久地集中注意力会极大地影响工作的速度和效率。

无法将注意力集中到那些非做不可的事情上，不仅只是干劲的问题，或许也因为没有准备好可以沉下心来行动的环境。

把握住自身目前的状态的同时，我们便能很快找到能够让自己集中注意力的环境，接下来的关键就是决定好时间付诸行动。

检查是否营造出了能够集中注意力的适宜环境！

- [ ] 这段时间内“不做别的事情”

- [ ] 抓住自己集中注意力的模式

- [ ] 将时间分成合适的区间

47 越是焦虑越要放缓脚步

“从容赶急（首位罗马皇帝奥古斯都）”“凡事三思而行，跑得太快会摔倒（莎士比亚）”“沉着前行方能长久（法国谚语）”“走得更慢的人走得更远（意大利谚语）”“心急绕远路（日本谚语）”。

正如古往今来在全世界广为流传的这些俗语一样，若要达成目的，只有戒骄戒躁从容不迫，才能取得最后的成果。

实际上，越焦虑越会让时间变得紧迫，一旦被逼至最后期限，原本信手拈来的事情也会困难重重。

在工作中，我想任何人都应该有不少类似于“邮件发错对象”“消息发送出去后看着满是错漏的内容哑口无言”“叫错了客户的名字”的苦涩经历。

原本冷静应对就不会出现任何问题的事情，若带着焦虑去处理，给人留下的印象便会大幅下滑，有时甚至还会造成无法挽回的事态。

另外，大家身边有没有人老是在慌慌张张赶时间、显出毫无必要的忙碌呢？这样的行为会给周围带来一种焦虑的氛围，其本人也将逐渐被这种情绪所压倒，发生上述失误的概率也会变高。

那么，我们要怎么做才能让自己不那么焦虑呢？其诀窍并不是去“逃避”，而是停下脚步，让自己的心情平复下来。

医学上也有这样的说法，即焦虑会使交感神经兴奋，令呼吸变浅、变快。为了避免如此，我们可以有意识地花30秒进行缓慢的深呼吸，刺激副交感神经让情绪得到缓和。接着再去思考之后怎么做才是最佳方法，思定而后动。让我们抱着越焦虑越要“从容赶急”的态度，去面对每日的工作吧！

越是焦虑越要放缓脚步，让内心平复下来！

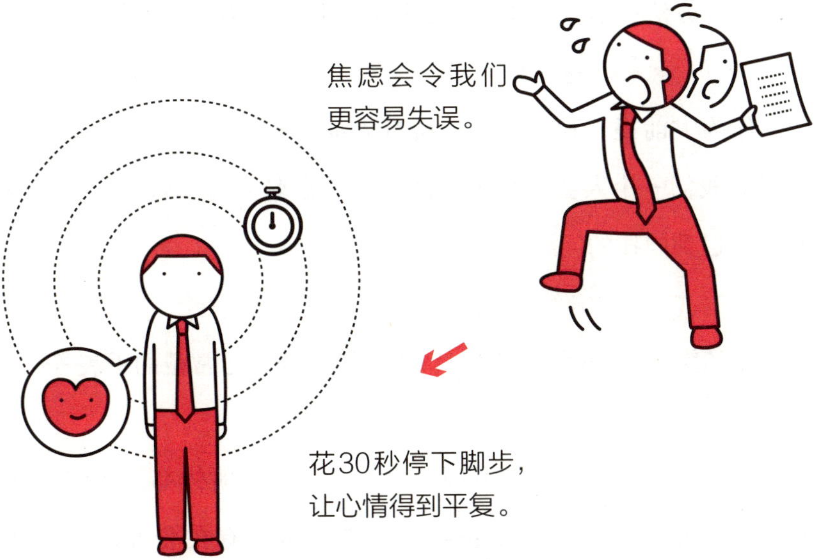

48 在30秒内将压力化为自信的技巧

在重要的演示和会议、资格晋升考试、转职时的面试等决定未来事业和人生的场合，我们都会承受相当大的压力。跟对其抱有畏惧心理的客户方负责人进行商谈、在婚礼和派对等仪式上面对一大堆人做演讲，想必大家都经历过这种令人极度紧张的情形吧。

那么大家是否了解将压力变成助力、化为自信的方法呢？

这种方法就是三个能够改变我们对压力“看法”的技巧。

① 所有人都会有压力。

作为大前提，我们要知道所有人都会有压力，也就是说并不是只有我们一个人会为紧张所困。即便是名人或知名运动员，他们也会遇到同样的问题。

② 事先想好能够缓解紧张和压力的动作或句子。

比如缓慢地深呼吸、喝一口水、摸一摸自己常戴的手表等。

③ 不去想最坏情形。

仔细剖析带来压力的原因就会发现，很多时候都是我们自己制造出了没有必要的不安情绪。当然，也只有在准备万全的基础上才能这么说，但其实大多数情况下失败并非什么大不了的事情。

让我们转变“看待压力的思路”，努力去克服难关吧！

所有人都会有压力

事先想好能够缓解压力的动作或句子

最坏的情形基本不会发生！

后记

感谢各位读者能够读到这里。

我在撰写本书的过程中，最大的心愿是希望这本书能够帮助大家向自己真正的理想人生迈出脚步。

在终身雇佣和年功序列制度的不断动摇中，光凭公司和学历就足以生存下去的年代即将宣告终结。要如何才能发展稳定的事业呢？我想不少人都在为此烦恼和不安。

不过只要转换一下“视角”，我们也能从生存方式一成不变的时代中，凭借自身的力量去选择、去创造适合自己的工作方法和生存方法。

为了做到这点，最关键的是不要浪费我们人生宝贵的时间，要把时间变成我们的“伙伴”。

时间是有限的。在每个人被平等赋予的一天24小时中，将时间花在自己真正看重的事上、真正想做的事上，才是度过充实人生最重要的内容。

除了单纯的工作之外，家人、朋友、照顾自己的人、公司的伙伴……为了不丢失这些宝贵的资源，请将时间好好地花在他们身上吧。

比起其他一切，最重要的是度过“自己的人生”。并非其他某个人的人生，而是你自己的人生。

“不要只为工作而活，而要借助工作，去品味人生本身。”

希望大家都能掌握高效能的行动力，去开创属于自己的工作方法和生存方式。

最后，衷心感谢神吉出版社的渡部先生为本书提出了恳切而细致的建议。

此外，我还要感谢朋友、家人以及一直在我周围支持我的所有人，如此多优秀的伙伴能够陪在我身边，实在是无以为谢。

即便助益有限，我也衷心希望本书能够帮助各位读者发掘出自身拥有的潜在可能性，让工作和每日的生活变得快乐而充实。最后，希望大家相信自己无限的可能性。

石田键一

2016年9月